DESNUDANDO AL POPULISMO

FEDERICO DUBISCHAR

DESNUDANDO AL POPULISMO

ORIGEN Y EVOLUCIÓN

Kindle

Título original: Desnudando al populismo
Autor: Federico Dubischar
Primera edición: Miami, Estados Unidos -
Mayo 2022

ISBN: 9798429131313 ©

Corrección y edición por Lucas Perata.

A todos los políticos,

que estafan y destruyen tantas vidas sin ponerse colorados.

ÍNDICE

PRÓLOGO

El autor analiza el flagelo del populismo con un enfoque único que parte desde la filosofía y la psicología. Deconstruye la forma en que somos engañados en nuestro día a día por una masa de políticos ególatras y mitómanos. Comienza por los orígenes del pensamiento occidental hasta alcanzar una serie de propuestas y predicados que pueden funcionar como antídotos contra los métodos de engaño que nos continúan atravesando en el siglo XXI. Demuestra cómo el creyente de mentiras lo hace por factores psicológicos y no de ignorancia, lo cual difiere con la línea de pensamiento prescriptivo y denigrante que asegura que el votante con ideas distintas a las de uno es un mero ignorante.

Los capítulos siguientes no cesan en su finalidad de buscar las explicaciones y las soluciones al problema del populismo y la demagogia. Las teorías sobre *los creyentes* y el dogmatismo explican que en sociedades donde predominan estos comportamientos en estructuras como la religión, es esperable que se transfieran a la estructura política, porque la población está habituada a creer y tener fe en este tipo de discursos y promesas vacías de los oradores de turno.

La sentencia de Nicolás Maquiavelo "el fin justifica los medios" es la base filosófica de los políticos populistas; su método consta entre otras en la creación de enemigos, causas y fantasmas para poder perpetuar el poder y construir un entramado de corrupción con el botín estatal que termina creando una sociedad que depende del estado y está condenada a votarlos.

América Latina ha sido durante años campo de pruebas para este tipo de política. El paternalismo de los dirigentes es moneda tan corriente que se convirtió en normalidad: Argentina, Brasil, Venezuela son solo algunos de los ejemplos que se pueden mencionar como modelo de análisis de este germen social que el sistema democrático, desactualizado, falla en detener. El populismo se ha expandido como una maleza casi imposible de destruir que llega al poder con discursos donde promete mejorar la vida de los pueblos, pero termina siendo peor que una pandemia.

El avance tecnológico fue muy bien aprovechado e incorporado como herramienta del populismo para llegar y ejercer el poder. Como el *focus group* que permite cuantificar las reacciones sensitivas y racionales que atraviesan las personas frente a determinados discursos o productos también permite el armado de "paquetes" de promesas y consignas políticas. Los consultores usan *Big Data* con datos poblacionales para elaborar campañas casi infalibles, por eso, cobra especial relevancia el enfoque y la consigna del autor para utilizar la tecnología como defensa personal, para alcanzar la igualdad de condiciones.

La democracia es un sistema que fue inventado hace miles de años cuando las tecnologías que utilizamos hoy en día no habían sido siquiera imaginadas. Una de las posibles soluciones es la implementación de una aplicación para teléfonos celulares que permita a los ciudadanos interesados participar en las votaciones de leyes, tanto en congresos nacionales, provinciales o municipales.

La idea que la democracia tiene que adaptarse a nuestros tiempos lleva dando vueltas en los espacios políticos y académicos desde hace varias décadas. La transparencia es uno de los problemas recurrentes sumado al faltante de un sistema que permita hacer responsables a quienes dicen al aire promesas de campaña irrealizables. No cuestiona el carácter inclusivo del sistema, sino que ahonda en las distintas maneras en que se lo puede corregir para aumentar su eficiencia y que los manipuladores y demagogos no puedan explotarlo.

La filosofía cobra especial relevancia al ser concebida como un antídoto contra el populismo. Se ha teorizado, en exceso, sobre la dificultad inmanente que tiene el acto de aproximarse a la realidad desde la teoría, dificultad que en este libro es eludida construyendo un puente directo entre la idea del escepticismo y la praxis necesaria para modificar la realidad social. Se nos insta a salir de la caverna de Platón para poder ver el mundo que, por su resplandor, hiere nuestros ojos, con una actitud moderada y taciturna que sigue los principios del escepticismo. La máxima del libro es poner en duda todo conocimiento tomado como verdadero y, especialmente, las mentiras orquestadas para llegar al poder que usan los populistas mientras abusan de la incredulidad de su electorado.

Al escepticismo se le da una vuelta de tuerca para adaptarlo a nuestros tiempos posmodernos, similar a lo que plantea con respecto a la democracia: *escepticismo tech* usando Google, la biblioteca *online* más grande de todos los tiempos.

Plantea la idea de que nadie está protegido contra el populismo y que conlleva un esfuerzo continuo de búsqueda, duda e investigación constante para no caer en su relato.

Federico Dubischar logró escribir con destreza una introducción destinada a quienes deseen conocer y cuestionar más los modos de organización política que encontramos en la democracia. Su análisis convierte a este libro en un manual indispensable para evitar ser engañados y manipulados desde la esfera política.

El ciudadano escéptico moderno, el héroe que se busca resaltar, sería una persona que practica cotidianamente el arte del cuestionamiento, que logra a final de cuentas identificar los engaños populistas y termina ignorando a estos personajes nefastos. Si la gente los ignora, dejan de existir y podremos pasar a tener presidentes estadistas como alguna vez muchos países supieron tener. Nos lo merecemos.

INTRODUCCIÓN

Vivir sin filosofar es, propiamente, tener los ojos cerrados, sin tratar de abrirlos jamás.

René Descartes

A muchos nos resultó demoledor ver cómo en la Argentina de 2019 miles de personas volvieron a votar al populismo. Me impactó mucho ver el efecto psicológico que había generado en muchísimos amigos, familiares y personas sensatas. Era increíble, los habían convencido nuevamente de que hacer las cosas bien, estaba mal y hacer las cosas mal, estaba bien. De repente, todas las soluciones las tenían ellos, esos mismos que estuvieron gobernando más de 40 años y dejaron una catástrofe estructural en todas las áreas.

Sin embargo había algo que me llamaba más la atención, algo había cambiado en la gente ese año, algo que se sentía, pero que no se veía, un profundo quiebre psicológico. Esta situación, del momento de la sociedad argentina, se me hacía semejante a la recaída de un adicto, que habia logrado salir de la adicción después de mucho tiempo y, ante las dificultades, vuelve a recaer. Si alguno de los lectores lidió con algún adicto, sabe de lo complicado, casi imposible, que es lograr que la persona se recupere en su totalidad y deje la dependencia. Es un proceso largo, con grandes altibajos y de escasas chances de éxito. Para complicarlo más, la falta de resultados rápidos, lo traumático del proceso y la ansiedad por salir, contribuyen hacia la recaída, ni hablar si hay un ejército de personas alentando a volver a la adicción.

La Argentina fue gobernada por el Peronismo la mayoría del tiempo, desde 1946 a 2015, no solo en su gobierno, sino que logro dominar políticamente en todas las estructuras del estado, incluyendo universidades, sindicatos, iglesia, clubes y movimientos sociales, lo cual les dio como resultado un triunfo claro en la batalla cultural, impregnando su ideología de manera transversal en la sociedad.

A pesar de todo por diversos motivos, pierden las elecciones del 2015, dando lugar al gobierno de la coalición política Cambiemos, que frente a tamaño desastre recibido proponía un programa de corrección moderado, moderno, sensato aplicando *gradualismo* en la eliminación de doctrinas populistas, es decir, un camino de solución de los problemas, progresivo en el tiempo pero en el sentido correcto, que exigía un esfuerzo social manejable pero constante.

Al principio hubo entusiasmo y mejorías palpables, que hicieron que la coalición ganara holgadamente las elecciones de medio termino en 2017. Poco tiempo después, algunas personas manifestaron cansancio frente a los esfuerzos que les habia tocado afrontar para mejorar los desequilibrios del estado, dando así lugar a un ataque feroz por parte de todo el aparato peronista, que hizo recular y recalcular a muchos de los que habían cambiado la mentalidad y apostado al futuro. Todo parecía indicar que habia una sociedad psicopateada por el movimiento peronista y todo intento de cambio para mejor iba a ser brutalmente bombardeado hasta hacerlo caer. El resultado fue que muchos terminaron cayendo nuevamente en la trampa de las soluciones fáciles que prometía el populismo y así se impusieron nuevamente en las elecciones de 2019. Desde mi celular veía las noticias, encuestas, hablaba con la gente y transpiraba, lo que venía por delante era inequívoco, fiesta al inicio y velorio al final.

MARIO VARGAS LLOSA

La impotencia de ser testigo de esta tragedia me motivó a escribir este libro. Me propuse investigar, estudiar y entender a este enemigo invisible, difícil de definir, que muchos subestiman, pero que tiene un impacto devastador en la sociedad, sobre todo en lo psicológico.

A veces lo que nos pasa es cinematográfico, esta conducta de la sociedad argentina, en su adicción al populismo, la veo dramatizada en la película *Beautiful Boy* de Steve Carrell. Esta muestra como un padre vive la experiencia traumática de tener un hijo adicto a las drogas que lucha contra la misma y sufre fuertes y reiteradas recaídas. Al final de todo, el protagonista vuelve a recaer, mostrándonos descarnadamente que una vez que se es adicto es muy difícil salir de ese círculo vicioso.

En este libro, procuro responder: ¿Por qué votamos consignas populistas? ¿qué es el populismo?, ¿tiene ideología?, ¿por qué triunfa?, ¿por qué se hace fuerte en las crisis?, ¿somos las personas tan fáciles de engañar?, o ¿nos dejamos engañar conscientemente?, ¿qué tipo de personas se engañan con más facilidad?, ¿son los populistas demasiado hábiles para manipularnos?, ¿es el sistema democrático actual permeable al populismo? ¿qué soluciones se podrían aplicar en el siglo XXI?

Busco interpelar a los lectores a reflexionar, a salir de los extremos: "creyentes" (personas que creen todo relato), y "absurdos" (personas que descreen todo el relato) para pasar a ser "cuestionadores" (personas que cuestionan el relato) a través de técnicas filosóficas adaptadas al siglo XXI. Propongo no creer automáticamente todo lo que escuchamos, pero tampoco rechazarlo por completo, sino, mediante un proceso de cuestionamientos, observar la realidad que nos quieren imponer y descubrir las falacias para llegar individualmente a una verdad en libertad intelectual plena.

Para comenzar, te invito a que mientras leas, juegues con un poco de osadía y cuestiones tus creencias más arraigadas, esas con las que te criaron e inculcaron desde chiquito, esas que crees estar seguro y ver qué pasa. ¿O de verdad crees que lo que aprendiste en tu casa o en tu país es lo correcto y los demás están equivocados? Debemos cuestionar, cuestionar y cuestionar. Cuestionar para ser uno mismo de verdad, "cuestiono, luego existo[1]". El desafío no es tomar el cuestionamiento como algo de una vez, sino como un hábito.

Afirmaba uno de los más brillantes *Founding Fathers*[2], Thomas Jefferson[3]: "El precio de la libertad es la eterna vigilancia". En esta cuestión: en lo individual e intelectual, el precio de tu libertad intelectual es el eterno cuestionamiento.

¿Cuántas veces te han engañado en tu vida? ¿No crees que en el fondo sabes o percibes que te están engañando y has dejado que ocurra? ¿Prefieres saber que te engañan o sos de los que pretenden no saber para no perturbarse? Si tu forma de ser consiste en siempre buscar la verdad para poder tomar la mejor decisión en libertad y con conocimiento de causa, continúa leyendo, pues como mínimo hay que tener los cojones

---

[1] "Pienso, luego existo", frase célebre de René Descartes.

[2] Los padres fundadores de los Estados Unidos de América fueron los líderes políticos y hombres de Estado que participaron en la revolución americana al firmar la Declaración de Independencia de Estados Unidos, al colaborar en la guerra de Independencia, y establecer la Constitución de su nación.

[3] Thomas Jefferson fue el tercer presidente de los Estados Unidos de América, cargo que desempeño entre 1801 y 1809 y es considerado uno de los padres fundadores de la nación. Su eminencia obedece, entre otras acciones, por ser el principal autor de la Declaración de Independencia de los Estados Unidos de 1776.

para estar dispuesto a angustiarse. El objetivo principal de este libro es incentivar a abrir los ojos frente a manipuladores sociales profesionales.

El manipulador profesional que engaña al ciudadano común presenta una lucha dispareja, un abuso. Es como estar en un *ring* frente a Floyd Mayweather[4]. Lo mismo sucede con los manipuladores y los manipulados: los manipuladores dedican infinitas horas, dinero y tecnología a manipularte mientras tu tiempo lo dedicas a otras cosas. Por ende, se hace muy difícil no creer en sus relatos si no estas preparado.

Ahí nace la necesidad de proveer de defensas intelectuales a los ciudadanos. La educación típica primaria, secundaria y universitaria existente es insuficiente frente a este flagelo. Si bien te suministra de conocimientos esenciales, a leer, a estudiar, a esforzarte, también es cierto que el alumno lo hace obedeciendo a un sistema. El sistema educativo esta creado para que el alumno acate lo que dicta el profesor, estudie el contenido, lo aprenda y lo exponga en un examen, así desde que somos niños hasta el MBA. Como contracara, este sistema no enseña a cuestionar si lo que te enseñan está bien, con el peligro de que las personas están formateadas solo para seguir las reglas y no aprenden a pensar por sí mismas si esas reglas son buenas. Esto es peligroso, porque las personas salen de las escuelas con el ejercicio mental de acatar, consentir y obedecer las reglas sociales sin mayores cuestionamientos.

---

[4] Floyd Joy Mayweather, Jr. apodado Money, nacido como Floyd Joy Sinclair es un exboxeador profesional invicto de nacionalidad estadounidense.

El problema no es que la gente carezca de educación. El problema es que las personas están lo suficientemente educadas para creer lo que se les ha enseñado, pero no están lo suficientemente educadas para cuestionar cómo ni qué se les ha enseñado.

RICHARD FEYNMANN.[5]

Las manipulaciones las vemos a diario. Todos desenmascaramos manipuladores amateurs alguna vez, pero los populistas son profesionales, se dedican a manipular a las masas y a la sociedad como un trabajo, es su negocio.

En psicología social existe una paradoja interesante, el llamado efecto "Dunning-Krueger" según el cual las personas de bajos conocimientos sufren de un sentimiento de superioridad ilusorio, considerándose más inteligentes que otras personas mejor preparadas, midiendo su habilidad por encima de lo real. A contracara, las personas inteligentes asumen, falsamente, que otros tienen una capacidad o conocimiento equivalente al suyo y sufren de un efecto de inferioridad. Este es uno de los sesgos cognitivos base para manipular a las masas que usan los populistas con frases fáciles y vacías, que la gente de bajos conocimientos capta rápido y las repite creyendo que es una solución real o algo inteligente frente a los problemas existentes. Así las va repitiendo por todos lados, para luego fanatizarse y formar una especie de grupo organizado de algún partido político que le da su contrapartida, pertenencia y autoestima. Bertrand Russell[6] decía que: "Todo el problema del mundo es que los tontos y los fanáticos siempre están tan seguros de sí mismos y las personas más sabias están tan llenas de dudas".

---

[5] Fue uno de los grandes físicos estadounidenses del siglo XX.
[6] Bertrand Arthur William Russell fue un filósofo, matemático, lógico y escritor británico, ganador del Premio Nobel de Literatura.

Este ensayo intenta reflexionar sobre cómo y porqué somos engañados consistentemente en el siglo XXI. Los siete días de la semana y las veinticuatro horas del día somos bombardeados por información tanto verdadera como falsa. Este fenómeno se da gracias al auge tecnológico, mediante computadoras, celulares, tablets y aparatos digitales que tenemos a disposición de manera ininterrumpida. Al recibir y procesar tanta información, estamos expuestos a técnicas psicológicas que juegan con nuestras ignorancias, frustraciones y creencias.

Frente a este escenario de población permeable y manipulable aparece el método populista. Es como meterse a navegar por internet sin antivirus. El virus te infectará la computadora indefectiblemente: atacará y corromperá todo el sistema. Para este autor, el navegante de internet es el ciudadano andando por la vida, el virus es el populismo y el antivirus es lo que intento proponer en este libro.

En el primer capítulo del libro hago una fuerte introducción a los dos temas fundamentales del libro que son el populismo y la filosofía junto con el hilo rojo que las une. Repaso y recuerdo los conceptos fundamentales como qué es la filosofía, dónde nace, por qué nace y, lo más importante, para qué sirve. Pues, nuevamente, su práctica se ha convertido en una tarea vital para la vida moderna. En paralelo, ahondo en el populismo: el enemigo invisible, sus características principales, su metodología, su peligrosidad y por qué es tan difícil delimitar su definición, incluso me arriesgo a esgrimir una propia. Asimismo, mediante un   análisis histórico veremos su nacimiento, su condición cíclica y sus relaciones carnales con la religión.

En el capítulo segundo, reflexiono sobre cómo en el mundo de hoy las reglas para ganar elecciones las continúa estableciendo el antiguo sistema democrático creado hace 2.500 años, el cual permanece sin cambios sustanciales. Esta coyuntura hace que los políticos que sí actualizaron y modernizaron su método lo exploten a su favor y, de esa manera, ganen las elecciones.

Existen tres componentes de la democracia: votante, votado y sistema. Hoy se puede observar que el "votado" se ha modernizado brutalmente, a diferencia de los otros dos componentes que siguen igual que en la antigua Atenas. ¿Cómo es posible entonces que no se haya actualizado el sistema democrático? ¿Qué impide que no se le aplique tecnología como a cualquier proceso/sistema de otra índole? ¿Cómo todavía hay países donde el sufragio es obligatorio? ¿Por qué se obliga a votar a gente que no siente el mínimo interés en la Democracia? ¿Cómo puede ser que el sistema esté construido para que gane las elecciones el que más promete, el que más miente, el que mejor le hace creer a la sociedad que solucionará los problemas? ¿Por qué personas inteligentes y éticas no acceden a cargos electivos importantes?

El sistema, además, permite otro grave exceso: una vez que el elegido llega al poder puede incumplir todo lo prometido y no hay forma eficiente ni rápida de controlarlo ni castigarlo. Si bien existe el *impeachment*[7], pocas veces ha sido justo.

Frente a estos desfasajes y a los abusos que permite el sistema democrático, reflexiono expongo las razones por las que hay que actuar inmediatamente, en su perfeccionamiento inyectando una fuertísima dosis de tecnología y por qué a pesar de ser posible y sencillo, no se ha hecho nada hasta ahora.

Mas adelante, en el capítulo tercero, me sumerjo en el encantador personaje del político populista. Analizo preguntas del tipo: ¿Cómo hace un populista para manipular a las masas, a miles y millones de personas al mismo tiempo?, ¿es tan fácil que cualquiera lo puede hacer?

---

[7] Proceso de destitución política de un presidente o cargo político, a través de un juicio político dado en el congreso.

¿Hay técnicas? ¿Ahora estoy siendo manipulado y no me doy cuenta?, ¿existe un manual al respecto para darse cuenta?, ¿cuál es la diferencia entre influenciar y manipular?

Desde una perspectiva psicológica, intento encuadrar a través de estudios científicos llevados a cabo por prestigiosos autores sobre cuáles son los métodos más comunes que utilizan los populistas. Desde los más básicos, entre los que se encuentra el principio *KISS*[8] que consiste en crear historias, ideas o conceptos simples, fáciles y comprensibles que todos entiendan para que llegue eficazmente el mensaje y se pueda transmitir por cualquier persona y de forma masiva. O, por ejemplo, la *búsqueda de enemigos* (la oligarquía, los inmigrantes) para polarizar a la sociedad y encolumnarse, sin cuestionamientos, detrás de su liderazgo político

Para ver sutilmente cómo un *populista* se aprovecha del sistema para ganar elecciones venciendo a un *estadista*[9] como contrincante, basta con ver en El capítulo de Los Simpsons, *Basura de titanes* cómo Homero Simpson vence en unas elecciones de comisionado de basura municipal al personaje de Ray Patterson, austero y buen administrador, pero carente de simpatía, oratoria y atracción mediática. En síntesis, Homero se pelea con los recolectores de basura y como respuesta estos suspenden su servicio. Aunque su esposa Marge envía una disculpa al ayuntamiento por la actitud de su esposo, Homero no se queda de brazos cruzados y se presenta como candidato enfrentándose con el vigente Comisionado de basura municipal. Homero apela al corazón de los perezosos de Springfield con el lema: "¿No podría hacerlo otro?".

---

[8] *Keep it simple, stupid* o mantenlo simple, estúpido.

[9] La palabra estadista hace referencia a aquella persona que posee gran conocimiento y experiencia en relación con la unidad jurídico-política denominada Estado. Se trata de un especialista en el manejo de la cosa pública. Tiene en cuenta lo referido a la asignación de recursos y medidas con vistas al bien común.

Promete que los empleados de basura también se encargarán de limpiar sus casas, ventilar su ropa y lavar sus autos. Cualquier similitud con "les vamos a llenar la heladera", "volvamos al asado", "voy a encender la economía", "voy a dejar de pagar intereses a los bancos y con ese dinero subir las jubilaciones" es pura coincidencia. Una vez en el poder, sus promesas se enfrentan a un obstáculo: el presupuesto. En tan solo un mes, Homero gasta el dinero que tenía asignado para todo el año, por lo que finalmente el ayuntamiento decide que Patterson vuelva al cargo.

En este capítulo se explicita como los populistas, te manipulan con los sentimientos y las expectativas de lo que *vos te mereces*, prometiéndote más, siendo que muchas veces se contrapone con *lo que se tiene* o *lo que se puede*. Y más, sabiendo que no es necesario cumplir con las promesas de campaña, las elecciones se convierten meramente en una competencia de quién miente mejor.

En el capítulo cuarto, me meto de lleno sobre la poderosa figura de los *votantes*: nosotros, los encargados de poner y sacar a los líderes. Ya dentro de los votantes, indago especialmente en el grupo de los *creyentes*, la presa perfecta del populismo depredador. Es decir, la persona que cree y punto. Creer es quedarse con eso que te dicen y no buscar corroborar nada. Friedrich Nietzsche[10] decía: "Tener fe significa no querer saber la verdad". Sobre los votantes intento contestar ¿hay gente que cree las mentiras con más facilidad?, ¿hay momentos en que son más permeables a las mentiras?, ¿será que son más tontos o será que necesitan creer?, ¿por qué estarán dispuestos a creer lo que les dicen sin verificación alguna?, ¿tiene relación un creyente religioso con un creyente

---

[10] Friedrich Nietzsche fue un filósofo, poeta, músico y filólogo alemán del siglo XIX, considerado uno de los filósofos más importantes.

político?, ¿es el creyente víctima o culpable de que exista y gobierne el populismo?

Para finalizar, en el último capítulo, describo cómo en política y religión las posiciones ideológicas se pueden clasificar en tres grupos, dos extremos y un centro de la siguiente manera: *fanáticos* (creyentes), *absurdos* (indiferentes) y *escépticos* (moderados). Expongo desde una perspectiva filosófica y psicológica las razones por las cuales las personas se ubican en cada grupo. Además, explico el método socrático de la mayéutica para salir de los extremos y finalizo con una defensa del escepticismo como estilo de vida y como senda de equilibrio para el resto de tus días.

Por este motivo elijo el color púrpura en la portada del libro, ya que nace de una convergencia entre el rojo y el azul. En Estados Unidos el rojo representa a los Republicanos y el azul a los Demócratas. Creo que se puede ser transversal siempre y tomar lo mejor de todos los sectores sin miedo a ser presionado para pertenecer a uno u otro bando, nuestro conocimiento debe ser frío e inteligente. "Mente fría, corazón caliente" me decía mi técnico de futbol en la adolescencia.

CAPÍTULO I

Introducción a la filosofía y al populismo

> *La filosofía nunca os dirá qué es la verdad, pero os ayudará a desenmascarar aquellas mentiras que nos venden como verdades*
>
> MERLI BERGERON.[11]

I.1 Introducción a la filosofía

1.1. Significado etimológico

El origen de la filosofía se remonta al siglo VI antes de Cristo, en la Grecia Antigua. Etimológicamente, la palabra *filosofía* proviene de las raíces griegas *philos*: amor y *sophia*: pensamiento, sabiduría, conocimiento; es decir, amor por la sabiduría.

---

[11] Merlí es una serie de televisión española, creada y producida por la productora Veranda TV (Grupo Godó y Boomerang TV) y emitida por la cadena catalana TV3 entre 2015 y 2018. La serie trata sobre un profesor de filosofía del mismo nombre, que estimula a sus alumnos a pensar libremente mediante unos métodos poco ortodoxos que dividen las opiniones de la clase, el profesorado y las familias.

1.2. ¿Qué es la filosofía?

La filosofía es la disciplina que se encarga de estudiar y reflexionar sobre preguntas fundamentales de la existencia, el conocimiento, la razón, el ser humano y la vida. Es decir, busca los fundamentos de la realidad mediante el uso de la razón. Lo más interesante es que la filosofía es para valientes, no todos se animan. Hacer filosofía tiene sus costos. "Aquel que es valiente, es libre" afirmaba Séneca, uno de los más brillantes políticos de Roma, allá por los primeros años después de Cristo.

Es para valientes porque el cuestionarnos o dudar sobre algún conocimiento, es decir, pasar de la certeza a la duda nos causa incertidumbre e incomodidad. Nos perturba el no saber. Por el contrario, cuando no cuestionamos nada y creemos a ciegas vivimos en una placentera comodidad, una sensación de seguridad, tranquilidad e imperturbabilidad.

Lo encantador de la filosofía es que desenmascara mentiras que muchos toman como verdades universales. Verdades a las que nunca llegaremos, pero únicamente con la práctica de la filosofía podremos acercarnos. La verdad es inalcanzable y se encuentra en un estado de cambio constante, en ese sentido podemos decir que la filosofía es de ideología liberal, no es convervadora, ni de izquierda ni de derecha.

Al respecto, un valor equivocado o sobrevalorado es la coherencia. ¿Por qué debemos esclavizarnos y jurar ser consecuente con lo que uno dijo o hizo tiempo atrás si las cosas, los pensamientos, los valores cambian a diario? La coherencia nos limita y condiciona, no nos permite pensar diferente, nos impide atrevernos a reflexionar de un modo totalmente opuesto a cómo veníamos haciéndolo.

Para la cultura occidental ser coherente es un valor preciado. Sin embargo, si alguien piensa lo mismo que hace veinte años significa que no incorporó nuevos conocimientos, ¿verdad? La coherencia es buena, pero está sobrevalorada. Hay que aplaudir cuando alguien se contradice, quiere decir que cuestiona, que se atreve, que quiere mejorar. Se trata de una persona valerosa, digna de ser escuchada.

¡La filosofía es un arma de doble filo y muy filosa! Si se toma a rajatabla, nos puede convertir en personas que dudamos de todo y no nos animamos a hacer nada, lo cual termina siendo nocivo. Pero cualquier persona que no practica la filosofía, que no cuestiona es, en síntesis, una persona que acepta todo lo que le dicen, lee o ve y, de este modo, pierde su libertad, ya que actúa con los valores y creencias que otros le imponen. Se convierte en una oveja de rebaño, arreada de un lado a otro.

1.3. Origen de la Filosofía

¿Por qué surge la filosofía, precisamente, en Grecia? Nace de la mano de Tales de Mileto.[12] en el siglo VI A. C. a raíz del contexto político, económico y social de la época. La cultura griega ha hecho un aporte formidable a la humanidad en el campo de la política, la literatura, el arte y el comercio.

Su enorme éxito se debió a dos grandes factores. El primero fue su expansión e intercambio cultural que implicó que se relacionara con otros pueblos del Mediterráneo gracias a su importante actividad marítima comercial que la llevó a establecer colonias en diversas partes del

---

[12]. Fue un filósofo, matemático, geómetra, físico y legislador griego, nacido en Turquía 625 a. C. Aristóteles lo consideró como el iniciador de la escuela de Mileto, a la que pertenecieron también Anaximandro y Anaxímenes.

continente (Península Ibérica, Magna Grecia.[13], Asia Menor.[14]). El segundo se debe a que en Atenas y otras polis griegas había plena esclavitud que cubría todas las necesidades básicas de la nobleza. Por ende, estos grupos se podían dedicar a pensar y a filosofar dado que gozaban de tiempo de ocio. Este ocio les permitió desarrollar su cultura de manera tan fascinante que todavía hoy leemos sus libros y utilizamos sus sistemas políticos.

A estos dos factores se le sumó un alto grado de libertad política, superior al resto de pueblos de ese entonces. En las *polis* se extendió la idea que el Estado no consistía en un déspota que imponía su voluntad sobre la del resto, sino que el fundamento de la comunidad consistía en la igualdad de todos ante la ley, lo cual le otorgaba un inmenso valor al individuo y lo invitaba a desarrollarse en libertad. Me atrevo a afirmar que éste fue el diferencial clave que contribuyó al éxito de la cultura occidental versus las tiranías, reinos y despotismos de otras regiones que fomentaban la cultura opuesta.

Además, tenían la particularidad de que su pueblo era politeísta, es decir que creían en diversos dioses. Con la interesante cualidad que estos eran antropomórficos. Por ejemplo, Hércules.[15] y Aquiles.[16] eran resultado de la combinación de dioses y mortales con grandes historias heroicas que servían para motivar al pueblo.

---

[13] Magna Grecia es el nombre dado en la Antigüedad al territorio ocupado por los colonos griegos en el sur de la península italiana y en Sicilia, donde fundaron numerosas polis que comerciaron con su metrópoli.

[14] Anatolia, llamada también Asia Menor, es una península de Asia, bañada al norte por las aguas del mar Negro y al sur y al oeste por el Mediterráneo. Se separa de Europa por los estrechos del Bósforo y de los Dardanelos. En la actualidad ese territorio pertenece a Turquía.

[15] Heracles, héroe de la mitología griega o Hércules en la mitología romana, era hijo de Júpiter, el equivalente romano del dios griego Zeus y la mortal Alcmena. Llevó a cabo los conocidos doce trabajos, hazañas que llevaron a divinizarlo.

[16] En la mitología griega, Aquileso Aquileo fue un héroe de la guerra de Troya y uno de los principales protagonistas y más grandes guerreros de la Ilíada de Homero. Era nieto de Éaco e hijo de Peleo y de Tetis, por lo que se le conoce a menudo como Pélida y Eácida.

La religión en Grecia era utilizada para mover a las masas en distintos aspectos: para la guerra, para el amor, para la cosecha, para la justicia. Había un dios que servía como motivador en las distintas áreas importantes de la sociedad que contaba con una historia de aprendizaje, lo cual era una forma eficiente y productiva de usar la religión. Estas historias se repetían en infinidad de relatos. Se puede encontrar hoy día a la *Teogonía* de Hesíodo que funcionaba como una especie de Biblia para los griegos o la *Ilíada* y la *Odisea* de Homero.

Ese marco religioso, racional, motivacional y de libertad fue sin duda favorable al surgimiento de la filosofía. La manera de entender el mundo y de explicar los fenómenos se realizaba a través de los mitos, los cuales contaban cómo, entre otros temas, había surgido el planeta Tierra y la importancia de todo lo que habitaba en él. Explicaban la existencia de las estaciones del año o el origen del mal. Siempre se basaban en una historia donde interactuaban dioses, pero sustentada en un hilo conductor racional que la hacía creíble e interesante para el pueblo. Si se piensa con empatía, situándose en ese tiempo remoto, el hecho de que la historia fuese interesante, emocionante y motivacional era ideal para que funcionara el mejor método de propagación de información de ese entonces que era el boca a boca

A partir de esa cultura helénica de lo racional, de la libertad, del individuo, del pensar se fue instalando la creencia de que el mundo es inteligible, es decir, que puede ser comprendido. Resulta apropiado remarcar que la filosofía surge de querer llegar a la verdad desde el *logos* (el razonamiento, la lógica), cambiando el paradigma de las verdades religiosas incuestionables, por la larga búsqueda de verdades a través de la razón y la ciencia.

1.4. Sócrates, padre de la filosofía

Sócrates (Atenas, 470-399 a.C.) inventor de la frase: "Yo solo sé que no sé nada". Fue el padre de la reflexión y la Mayéutica, método de cuestionamiento de todo concepto tomado como verdad que lleva al repetidor a darse cuenta por sí solo que dice solo una falacia, una verdad a medias o una opinión reciclada. Maestro de Platón.[17] quien a su vez tuvo a Aristóteles.[18] como discípulo. Son los tres representantes fundamentales de la filosofía clásica.

1.5. ¿Para qué sirve la filosofía?

Esta es la gran pregunta y no hay una respuesta que nos satisfaga completamente. La filosofía consiste en aprender cada vez más. Una persona con amor por la sabiduría nunca va a dejar de adquirir conocimientos.

Esta premisa basada en la idea que existe un mundo infinito de información por descubrir se puede interpretar de dos formas. Una de ellas es a través de la excitación de ir descubriendo cada día más cosas, con la motivación de saber todo lo que queda por conocer. Y la otra es desmoralizarse por saber que el aprendizaje nunca se acaba porque es infinito. Entonces, ¿para qué saber más si nunca voy a llegar a una verdad absoluta? Como sostuvo un exprofesor de la universidad alguna vez: "La verdad está por el medio", en el balance de vivir motivado por descubrir cosas, pero disfrutando el camino, sabiendo de antemano que la meta es inalcanzable y no frustrarse por eso.

---

[17] Platón (427-347 a. C.), fue un filósofo griego seguidor de Sócrates y maestro de Aristóteles. En el 387 fundó la a. C.que continuaría a lo largo de más de novecientos años

[18] Aristóteles (384-322 a. C.) fue un filósofo, polímata y científico nacido en la ciudad de Estagira, al norte de Antigua Grecia. Es considerado junto a Platón, el padre de la filosofía occidental. Sus ideas han ejercido una enorme influencia sobre la historia intelectual de Occidente por más de dos milenios.

Regresando a los tiempos de la Antigua Grecia cuando los ciudadanos se preguntaban por qué existían las cuatro estaciones climáticas y por qué sus ciclos se repetían casi exactamente todos los años en los mismos días, la explicación mitológica era suficiente para tranquilizarlos y que cultivaran felices la tierra. En ese contexto histórico, en esa época, en ese mundo sin educación, salvaje, impredecible y muy cruel, todos lo hubiésemos creído, no seamos hipócritas. A continuación, el mito que se utilizaba en ese entonces para explicar ese fenómeno natural:

Mito de Perséfone: el origen de las estaciones

Según cuenta la leyenda, Perséfone, hija de Deméter (diosa de la agricultura) y de Zeus (rey de todos los Dioses) se encontraba recogiendo flores junto a una amiga cuando, de repente, surgió de la tierra Hades (tío de esta y dios del inframundo) quién se enamoró perdidamente de ella. Hades la llevó al inframundo donde le dio a probar una manzana mágica que le impediría escapar de su reino de ultratumba. Deméter, madre de Perséfone, hizo todo lo posible por recuperar a su hija, pero todo esfuerzo fue en vano. Hades no solo no cedió, sino que encadenó a la joven al tártaro para que no pudiera huir de su amor por lo que se convertiría en su esposa y diosa.

La dolorida madre inició unos largos y tristes viajes en busca de su hija durante los cuales la tierra se volvió estéril. Zeus decidió tomar parte en el asunto, ya que se trataba de su hija y envía a Hermes (dios mensajero) para que hable con Hades y poder llegar a un acuerdo que beneficie tanto a madre como al marido. Accedió con una condición: Perséfone pasaría la mitad del año con su marido en el inframundo, período durante el cual la madre de la joven entristecía y con ella todas las plantas y cosechas, a la par que el suelo se volvía pobre e incultivable; y la otra mitad del año lo pasaría con su madre cuando llena de alegría por el reencuentro con su amada hija, provoca que las flores y toda la vegetación se alegren con ella.

Este mito servía para explicar el ciclo estacional. Cuenta que el origen de las estaciones radica en el pacto. Cuando Perséfone es llevada al infierno, se desarrollan las estaciones de otoño e invierno y las flores mueren a causa de la tristeza de su madre; por el contrario, en su vuelta a la tierra, las flores renacen y tienen lugar la primavera y el verano.

La explicación científica indica que las estaciones son los períodos del año en los que las condiciones climáticas se mantienen dentro de cierto rango en una determinada región. Dichos períodos son cuatro y duran aproximadamente tres meses. Las estaciones se deben a la inclinación del eje de giro de la tierra respecto al plano de su órbita en relación con el sol, lo que hace que algunas regiones reciban mayor o menor intensidad de luz solar según la época.

1.6. Conclusión

Una razón para aplicar la filosofía es *ser libre* de manipulaciones. Si los pueblos antiguos hubieran practicado la filosofía, seguramente se habrían hecho demasiadas preguntas como, por ejemplo: ¿todos los años Perséfone hace las mismas cosas? ¿Por qué hay regiones donde llueve más que en otras? ¿Por qué hay huracanes, tornados e inundaciones? Todas cuestiones que el Mito de Perséfone obviamente no puede explicar. Por otro lado, siempre es más fácil aceptar la historia que nos quieren imponer, no preguntar nada y continuar la vida.

Ahora bien, luego de muchos años, allá por el siglo XVI llegaron las investigaciones científicas mediante las cuales Nicolás Copérnico.[19] descubrió que la tierra giraba alrededor del sol y no al revés como por tantos años se creyó.

Como se puede observar, la filosofía desarma al mito en pocos minutos, pero la dificultad radica luego para la ciencia en descubrir qué es lo que realmente ocurre. En este caso que la Tierra gira alrededor del Sol y la consiguiente explicación del paso de las estaciones. Ese periodo de vacío, de desconcierto total, entre que se desarma el mito y en el que aparece la nueva explicación científica es al que las personas le tienen tanto pánico.

Es decir, ¡la filosofía te puede ahorrar mil quinientos años de creer mentiras! O el relato que algún charlatán político, religioso o persona influyente con intención de poder decida inventar. Hace dos mil años no había tecnología ni conocimiento para saber que la Tierra giraba alrededor del sol y que por eso se producían las estaciones. Sin embargo, a través de la filosofía se podría haber llegado a cuestionar el Mito de Perséfone y llegar a la conclusión que no era más que un relato y que por ende debía haber otras explicaciones referentes a las estaciones.

Por ese motivo, desde el *individuo*, desde cada uno, es necesario poder hacerse preguntas, cuestionar las verdades y no ser parte del rebaño que cree las ridiculeces que le dicen personas, seguramente más viles,

---

[19] Nicolás Copérnico (1473-1543) fue un monje astrónomo de origen prusiano que formuló la teoría heliocéntrica del sistema solar.

que les venden mentiras como pan para el pueblo hambriento que primero come y luego piensa.

Jordan Belfort, en la película *El lobo de Wall Street*, expresaba sobre sus estrategias de venta y manipulación: "Te genero la necesidad y te vendo la solución".

En un diálogo del filme:

—Escríbeme tu nombre en el papel.

—Pero no tengo lapicera.

—Te vendo la lapicera.

Cuando uno dice: "Pero no tengo lapicera", el otro aprovecha para venderle una, tiene la potestad de vendérsela o no para satisfacer la necesidad del primero; por lo tanto, tiene el poder.

El problema no es solamente del que miente, sino también del que cree. El que se deja mentir es porque padece de baja autoestima y no se anima a ver, dudar o cuestionar los relatos porque en el fondo tiene miedo del resultado de ese cuestionamiento. No se atreve a salir de su sensación de seguridad y de cierto romanticismo para, finalmente, afrontar la realidad y su crueldad adyacente. Nuevamente, la filosofía es para valientes.

Por otro lado, si el individuo logra la libertad, se preguntará qué hacer con la libertad y aquí viene la gran contradicción: si todo individuo vive su vida con extrema libertad, se entraría en un mundo donde reinaría el desorden. En ese sentido, Friedrich Nietzsche sostiene que la Biblia es una guía de valores e impone reglas morales a través del concepto de familia y matrimonio para crear un orden social.

Esto significa que todos formamos parte de un rebaño, que seguimos unas ideas que alguien inventó, compiló y escribió en un libro hace miles de años. Si se piensa detenidamente, suena ridículo obligarse a seguir un libro tan antiguo que juntó palabras de algunos personajes de la época, de dudosa educación y conocimiento del mundo. Seguramente fue creado en respuesta a las necesidades sociales y de organización de ese entonces. Pero avanzamos dos mil años y esas palabras hoy deberían ser tomadas como lo que son: una reliquia. A veces creo que nadie se plantea esas cosas o a nadie le conviene. Actualmente, hay miles de personas mucho más iluminadas a las que no se les otorga el rango bíblico.

Con relación al ordenamiento social, si el matrimonio como institución entra en decadencia y todos practicaran "relaciones abiertas" el mundo sería una orgía constante (juzgado con los valores tradicionales occidentales). No me imagino que a las personas les termine gustando realmente ese mundo. Tal vez, la contradicción es un método para llegar a un conocimiento más profundo o avanzado. Dijo alguna vez Winston Churchill: "Quien a los 20 años no sea revolucionario no tiene corazón y quien a los 40 lo siga siendo, no tiene cabeza".

Leyendo entre líneas, lo que dice el ex primer ministro británico, es que, con el tiempo, la experiencia y los cambios de objetivos en la vida, el hombre va modificando su pensamiento hasta el punto de ser contradictorio. Por eso hay que tomar la vida como un proceso de aprendizaje constante y no asustarse porque un día se piensa de manera opuesta respecto de hace unos años, sino considerar que uno se va haciendo más sabio para tomar posturas o decisiones y, también, se puede cambiar simplemente porque lo que conviene ahora no es lo que convenía antes.

Heráclito, uno de los grandes nombres de la historia de la filosofía, mi favorito en el colegio decía que lo que hacía a la naturaleza misma es la eterna contradicción entre dos polos opuestos. Por lo tanto, se puede interpretar que los nuevos conocimientos son fruto de las contradicciones de ideas que están en permanente búsqueda de mejoras. Un caso paradigmático de contradicción extrema conceptual es el del capitalismo versus comunismo. Adam Smith[21] escribió en 1776 que el interés individual es el único motor motivacional para generar riqueza en las naciones: "No es por la benevolencia del carnicero, del cervecero y del panadero que podemos contar con nuestra cena, sino por su propio interés".

Además, plantea libertad de mercado y un estado que regule lo menos posible las actividades y que la distribución de riqueza se haga mediante la mano invisible, es decir, la ley de la oferta y la demanda. Creo que nadie en sus cabales puede discutir hoy al capitalismo como sistema de generación de riqueza, pero sí, tuvo, tiene y tendrá como todo sistema muchas falencias. Por ejemplo, en el siglo XIX, el capitalismo con un Estado ausente hacía trabajar en las fábricas a los obreros durante veinticuatro horas, los siete días a la semana. Las personas, inclusive niños y ancianos, eran sometidos a condiciones de casi esclavitud.

---

[20] Heráclito de Éfeso (540 a. C.- 480 a. C.) fue un filósofo griego. No quedan más que fragmentos de sus obras y en gran parte se conocen sus aportes gracias a testimonios posteriores.
[21] Adam Smith. (1723 –1790) fue un economista y filósofo escocés, considerado uno de los mayores exponentes de la economía clásica y de la filosofía de la economía. Se lo considera el padre del liberalismo económico.

Por oposición, entre este y otros factores del capitalismo nace el comunismo, apoyado en el libro *El manifiesto comunista*[22] de Karl Marx[23] y Friedrich Engels[24], donde se plantean los abusos del sistema y se describe la formación de una sociedad sin clases sociales, donde los medios de producción son de propiedad común, es decir, del Estado y por lo tanto no existe la propiedad privada, ni las libertades individuales. Nuevamente, nadie en sus cabales hoy puede tomar en serio al comunismo como sistema, ya fue probado su fracaso reiteradamente en diversos países, donde la historia muestra que siempre terminó con políticos, militares y burócratas ricos que viven del estado sometiendo al pueblo en la peor de las perversidades: pobreza extrema y sin posibilidad de huir.

Lo provechoso de esto es que, a través de la contradicción de dos sistemas opuestos, se ha generado una posición intermedia donde el capitalismo entró en razón con muchos puntos de vistas sociales y el comunismo entendió que es inaplicable, aunque tiene algún concepto rescatable. Este choque de ideas logra, por oposición, que se alcance un nuevo conocimiento, una nueva verdad, un balance entre esos dos extremos que se puede llamar capitalismo europeo o social democracia. Este consiste en un sistema donde reina el libre mercado, pero hay una contribución progresista de impuestos, que permiten al Estado brindar salud, educación y servicios básicos, sobre todo para los que nacen sin oportunidades. De esta manera, esa sociedad tiende a la igualdad de

---

[22] El Manifiesto del Partido Comunista muchas veces llamado simplemente el Manifiesto comunista, es uno de los tratados políticos más influyentes de la historia. Se trata de un manifiesto encargado por la Liga de los Comunistas a Karl Marx y Friedrich Engels entre 1847 y 1848 y publicado por primera vez en Londres el 21 de febrero de 1848.

[23] Karl Marx (1818-1883) fue un filósofo, economista, sociólogo, periodista, intelectual alemán. Junto a Friedrich Engels en su Manifiesto Comunista, sentó las bases de la nueva corriente económica comunista, o marxismo.

[24] Friedrich Engels (1820-1895) fue un filósofo, sociólogo, periodista, revolucionario. Junto a Karl Marx sentó las bases del comunismo.

oportunidades y se disminuye el efecto de conflicto de clases que planteaba Marx.

Al fin y al cabo, aceptar como natural el proceso de contradicciones, indefectiblemente nos encaminará hacia mejores verdades. Decía Merli en la serie de Netflix homónima: "La libertad no es escoger un camino, sino rebelarse contra todos los que quieren imponerte uno". Si se alcanza esa libertad, el desafío será qué hacer con ella. Tal vez alguno opte por vivir en el rebaño donde no hay cuestionamientos y aceptar todo lo que se le dice porque le parece la alternativa más sencilla. Otros optarán por nunca más volver al rebaño y correrán libres desnudos por la vida. He ahí el valor de la decisión individual.

I.2. Introducción al populismo

Hay que señalarles a los desesperados un culpable de su miseria, de forma que, con que se le aplaste la cabeza, puedan creer que el paraíso ha descendido a la tierra. Eso es lo que hemos hecho en los últimos trescientos años. Para poder dar esperanza a nuestros hermanos, les señalamos a los culpables que hay entre ellos. Y ellos lo creen porque necesitan tanto la esperanza como el pan.

ORHAN PAMUK.[25]

2.1. ¿Qué es?

En primer lugar, el populismo según la Real Academia Española (RAE) es: "una tendencia política que pretende atraer a las clases populares". Una definición muy vaga. Pareciera ser, un término difícil de definir y delimitar. No obstante, algunos autores han definido de manera interesante al populismo para acercarnos a su significado.

---

[25] Turquía, 1952. Escritor, profesor, periodista. Premio Nobel de Literatura 2006.

Interpretando la definición de la RAE, podríamos afirmar que el populismo es un concepto político que hace referencia a las medidas políticas que tratan de conseguir la aceptación de los votantes; o bien, que es una tendencia política que dice defender los intereses y aspiraciones del pueblo. Por ende, no se puede definir ideológicamente, dado que las demandas populares son pendulares y cíclicas.

El populista será el que le diga al pueblo lo que quiere escuchar. Será de derecha, de izquierda o centro, lo que lo hará populista será el método, en el que más adelante ahondaré.

La definición económica que considero más clara, y que identifico con el populismo es la de los autores Cas Mudde y Cristóbal Rovira Kaltwasser.[26]:

> Un conjunto de políticas macroeconómicas promovidas con el fin de ganar elecciones, pero que, una vez puestas en funcionamiento, terminan por generar niveles de gasto insostenible y desencadenan, tarde o temprano, en profundas políticas de ajuste.

En esencia, lo que me interesa señalar es que el populismo, más que una ideología es un método de decir y hacer lo que sea necesario para ser popular, ganar elecciones y mantenerse en el poder. Esto lo vuelve extremadamente peligroso.

2.2. Su origen

Su origen viene de la palabra popular que, según la RAE, significa dos cosas. La primera, perteneciente al pueblo y, la segunda, estimado o, al

---

[26] Mudde, Cas; Rovira Kaltwasser, Cristóbal (2019). *Populismo. Una breve introducción.*

menos, conocido por el público en general. Es decir, que los populistas son conocidos y estimados.

Digamos que cualquiera puede ser conocido, pero para ser estimado de manera constante e ininterrumpida se necesita saber mentir como condición principal, por lo menos por las mayorías.

Las sociedades siempre tienen problemas, y ante ellos, existen dos tipos de políticos. Uno optará por lo emocional, aparentar sensibilidad, fe, esperanza para resolverlo; el otro que conoce la profundidad del conflicto intentará explicarlo a la sociedad y terminará siendo, por lo menos, antipático y, por ende, menos popular.

Los políticos populistas, primeramente, observan a través de encuestas lo que la gente quiere escuchar para solucionar el problema y, luego, les dicen eso mismo. Se muestran empáticos y sensibles para captar votos y apoyo. Uno de los grandes desafíos del siglo XXI es saber cómo acabar con el círculo vicioso del populismo, cómo romper con alguien que siempre dice lo que la mayoría desea escuchar.

2.3. ¿Método o ideología?

Para empezar a hablar del populismo es clave delimitar que se trata de un método. Según *Oxford Languages*, "método" se define como: "modo ordenado y sistemático de proceder para llegar a un resultado o fin determinado". El populismo es el método que forma parte de un "plan" (formal o informal): "programa en el que se detalla el modo y conjunto de medios necesarios para llevar a cabo esa idea".

Un plan, reitero, al que se le asigna una "ideología" (la que mejor penetre en la sociedad en ese momento): "conjunto de ideas que caracterizan a una persona, escuela, colectividad, movimiento cultural, religioso, político, etcétera". Es decir, que los partidos políticos estudian a la sociedad, tal cual hacen las empresas con los consumidores para saber sus gustos y venderles los productos. Por eso, es un gran error asignarle una ideología de derecha o izquierda, cualquiera de las dos puede caracterizarlo.

El populismo moderno te estudia, sin que lo sepas, a través de la tecnología y diferentes herramientas profesionalizadas (redes sociales, *focus group*.[27], *big data*.[28] y otros) donde detecta qué es lo que piensas, cuáles son tus principales quejas, demandas o sueños y, seguidamente, te ofrece soluciones con un discurso atractivo a cambio de obtener tu voto.

Desde una perspectiva psicológica, el populismo utiliza diversos métodos manipuladores. Uno de los sesgos cognitivos demostrado científicamente es el llamado efecto Dunning-Kruger que explica que cuanto menos se sabe del tema, más livianamente se cree, se opina, se actúa y se obedece, es decir, a mayor ignorancia mayor obediencia.

Por ejemplo, un típico fogoneo populista exclama que es necesario estatizar las empresas públicas para que las administre el Estado y la ganancia sea para todos los ciudadanos y no para unos pocos empresarios oligárquicos. Parece interesante, cautivador. Sin embargo, distribuir la ganancia entre todos es una "trampa cazabobos". Esa ganancia se la terminan llevando los burócratas estatales, y si va a pérdida termina absorbida por el presupuesto nacional, es decir, por el ciudadano.

Se ha probado miles de veces y nunca ha funcionado. Siempre hay que ver los hechos y no los discursos, basta con observar cómo los funcionarios públicos se atienden en hospitales privados, envían a sus hijos a escuelas privadas y viven en barrios privados. ¿Acaso no confirman,

---

[27] El grupo focal es una técnica cualitativa de estudio de las opiniones o actitudes de un público, utilizada en ciencias sociales y en estudios comerciales.

[28] Los macrodatos, también llamados datos masivos, inteligencia de datos, datos a gran escala o *big data* hacen referencia a conjuntos de datos tan grandes y complejos que hacen necesarias aplicaciones informáticas no tradicionales de procesamiento de datos para tratarlos adecuadamente.

así, la superioridad de lo privado por sobre lo público? Otra clásica proclama populista es que los recursos del estado deben ser gratuitos y accesibles. En términos de Russel, son "los tontos y los ignorantes" quienes foguean y militan con pasión, agresividad y peligrosidad esta bandera tan bruta, simple y engañosa, pero con capacidad de mover a las masas.

En paralelo, esto no solo ocurre en la política, lo vemos todos los días. Sucede en círculos como en el amor, en las amistades, en la familia, en el comercio, en el trabajo, en la escuela. Existen muchísimos líderes, jefes, familiares, compañeros y amigos populistas que nos rodean en ámbitos comunes.

El mundo carece de certezas. Nadie sabe por qué nacemos, cómo surgió el primer ser humano ni el propósito de la vida. Tampoco, cómo será el futuro, si sobreviviremos o si llegará una nueva pandemia, tal vez inmanejable. Ante estas incertidumbres que todos tenemos, aparecen los vendedores de verdades absolutas que ofrecen seguridades a sabiendas que son falsas, para tranquilizarnos ante nuestras diarias e infinitas angustias. Los populistas más peligrosos y perversos los encontramos en la política: la recompensa del poder, el botín del Estado es muy grande y tentador. Diría que la perversidad es directamente proporcional con el tamaño del botín.

En siglos anteriores, al no haber información y tecnología, los políticos populistas tradicionales simplemente desarrollaban una empatía especial, como un *don* que les permitía entender las emociones de la gente y decirles lo que necesitaban oír. Comprende a los clásicos grandes oradores que hablaban con sensibilidad, optimismo, compromiso, con gritos conmovedores y una gran destreza teatral que hacía emocionar al público hasta las lágrimas y la euforia que muchas veces terminaba en canticos típicos de secta. De esa manera, consiguen ser el centro de atención y acarrear a las masas hacia donde ellos dispongan.

Solo por mencionar algunos: Adolf Hitler, Benito Mussolini, Hugo Chávez, Fidel Castro, Juan Perón.

Es injusto juzgar al ciudadano de esas épocas por caer en esas trampas. Por otro lado, reconozco el talento populista para engañar y seducir. Dicho esto, desafío a cualquier lector a que vea y escuche los grandes discursos de estos personajes en YouTube y se olvide, por un momento, de los males que hicieron e intente situarse en el pueblo de ese entonces y ver, realmente, si no quedan fascinados por sus imponentes alocuciones. Confieso haber hecho el ejercicio y, por algunos momentos, sentirme seducido, hasta que me doy un cachetazo.

Retomando lo anterior: existen populismos de derechas, de izquierdas y de centros. Está claro que derechas, izquierdas y centros es una mera simplificación, pero ayuda. Los de derechas tienen discurso sobre nacionalismo, conservadurismo, políticas antiinmigrantes, más duras contra el narcotráfico y la delincuencia. Los de izquierdas, políticas asociadas al socialismo, más intervención del Estado, más impuestos, mayor distribución de riqueza (o pobreza) y apuntan a un Estado de bienestar. Lo interesante es que ambos se han manifestado tanto en países de primer mundo como en países de tercer mundo. Y nuevamente lo que identifica a los políticos y gobiernos populistas no es la ideología, sino el método.

2.4. Breve historia del Populismo

2.4.1 Casos emblemáticos: fascismo y nazismo

Fascismo: Origen y desarrollo

El fascismo es un movimiento que nació después de la Primera Guerra Mundial. Su líder, Benito Mussolini (político, militar y periodista italiano) creó los *Fasci di Combattimento*, un grupo armado para combatir a los comunistas y anarquistas que componían la nueva amenaza a las democracias y libertades en ese entonces.

Sus argumentos de lucha fueron, básicamente, el fracaso del sistema parlamentarista burocrático italiano en las negociaciones de paz en el Tratado de Versalles.[29] que puso fin a la Primera Guerra Mundial el 11 de noviembre de 1918. Por el cual, la vencida Alemania y sus aliados debían realizar numerosas concesiones, entre ellas territoriales a los países vencedores como Italia. Sin embargo, este país no había recibido casi ningún beneficio debido, según el movimiento fascista, a las malas negociaciones de sus gobernantes.

En 1922, Mussolini como líder oficial del Partido Nacional Fascista organizó la Marcha sobre Roma. Una enorme manifestación con tintes violentos, antipolítica y antisistema que expresó el enorme malestar social, la frustración del pueblo, el miedo al comunismo junto con la necesidad de respuestas rápidas y eficientes por parte del sistema político. Tras aquella marcha, Benito Mussolini fue nombrado presidente del Consejo de ministros por el rey Vittorio Emmanuel III. Al poco tiempo, obtuvo enorme apoyo popular gracias a la eficiente propaganda caracterizada por la exaltación del nacionalismo, el expansionismo territorial y el anticomunismo.

Al término de la Primera Guerra Mundial, Europa en general e Italia en particular se encontraban destruidos, prácticamente en ruinas: infraestructura dañada, falta de recursos, inflación, implosión de los sistemas políticos y contaban con millones de personas que debían comenzar de nuevo su vida en un escenario apocalíptico y desesperanzador. Del mismo modo, miles de soldados italianos volvían a sus casas

---

[29] El Tratado de Versalles fue un tratado de paz que se firmó en dicha ciudad al final de la Primera Guerra Mundial por más de cincuenta países. El acuerdo terminó oficialmente con el estado de guerra entre la Alemania del segundo Reich y los Aliados de la Primera Guerra Mundial.

arrasadas, con heridas de guerra, sin trabajo, sin recursos, lo que les ocasionaba una enorme decepción, dado que habían puesto el cuerpo para ganar la guerra y, a su regreso, encontraron que sus políticos burócratas no habían logrado beneficios sustanciales del Tratado de Versalles que compensaran la enorme crisis social que les tocaba vivir. Esa frustración fue el caldo de cultivo perfecto para que un líder encendiera la chispa.

En Italia reinaba el temor a que el comunismo se impusiera como sistema y el sentimiento corriente en el país era que el parlamentarismo burocrático no daba ni iba a dar las soluciones necesarias para semejante crisis. En consecuencia, nace el fascismo como una especie de sistema político alternativo entre comunismo y democracia liberal, con un líder autoritario capaz de tomar decisiones con rapidez, sin apoyo parlamentario ni libre expresión de ideas.

El fascismo creó un orden donde las grandes industrias y empresarios eran los protegidos del gobierno, quienes hacían negocios con el Estado y dependían de él. De esa manera surgió el *círculo rojo,* un grupo concentrado con muchísimo poder que apoyaba al gobierno y hacía la vista gorda ante el autoritarismo, los abusos y la restricción de libertades, siempre que se mantuvieran sus privilegios. Además, el sistema integró al Movimiento Obrero Sindical y lo hizo parte del gobierno, cediéndole todo tipo de negocios y beneficios. De esta manera, también fidelizó a miles de trabajadores autodenominados "el Pueblo" que tomaron las calles y defendieron con su vida al gobierno y a sus propios intereses, ¿déjà vu?

Nazismo: Origen y desarrollo

Al finalizar de la Primera Guerra Mundial, en Alemania, se formó el Partido Obrero Alemán. Ese mismo año, Adolf Hitler, un combatiente con rango de cabo que gozaba de una vida civil intrascendente, se enroló como miembro nada más y nada menos que como jefe de propaganda. Un año después, la organización cambió su nombre por *Partido Nacional Socialista Obrero Alemán*, mejor conocido como *Nazi*.

Al igual que en Italia, en Alemania reinaba la rabia y la frustración de la derrota, a la que se sumaban las concesiones y compensaciones que tuvo que hacer el pueblo a causa del Tratado de Versalles.

De la misma manera, el sistema político parlamentario burocrático era muy lento ante la avasallante cantidad de problemas y demandas del pueblo que estaba sumido en una crisis total. A raíz de ese descontento social y la amenaza comunista, Adolf Hitler planificó un golpe de estado en 1923 con apoyo popular, pero fracasó y fue encarcelado. Durante el período de reclusión, escribe el libro *Mi Lucha* en el que diseña la plataforma política del partido Nazi.

Ese libro relata, anticipadamente, todo lo que vendría y, a su vez, resume el sistema político que creía necesario adoptar para afrontar la crisis de posguerra. Las políticas principales a nivel organizativo estaban impregnadas de autoritarismo. Promovían un Estado totalitario donde un líder tomaba todas las decisiones y la elección democrática quedaba abolida. En otras palabras, las libertades individuales, el derecho de hacer lo que a uno le plazca, quedarían sometidas al interés del Partido Nazi, en nombre del pueblo.

Respecto el contenido político y social, dividía a la ciudadanía en razas de las cuales destacaba a la aria, la cual era la pura y superior, la del pueblo alemán. En un segundo nivel, catalogaba a los inmigrantes judíos, gitanos y negros en ciudadanos de menor categoría, "no defensores" de la nación y adicionalmente los culpaba por no luchar con el sentimiento nacionalista alemán que los había llevado a perder la guerra.

En otras palabras, el ministro de propaganda Goebbels los había convertido en el chivo expiatorio, orientando la ira del pueblo hacia ellos. Asimismo, Hitler hacía hincapié en la recuperación de la territorialidad que pertenecía al imperio austrohúngaro y que se encontraba en manos de otros países como Polonia y Checoslovaquia, alentando otro eje de revancha y de odio. En esencia, desconocía el Tratado de Versalles que exigía el desarme de la república de Weimar y subía la apuesta proponiendo un plan secreto de carrera armamentística colosal, con el objetivo de recuperar militarmente los territorios perdidos en la Primera Guerra Mundial.

A través de la difusión de todos estos ideales que contribuyeron a levantar la autoestima popular, en 1933, Hitler gana las elecciones y es designado canciller. Instaladas las ideas nacionalsocialistas, logra convertirse en *Führer*, abolir la democracia, el parlamento y los demás partidos políticos e instalar, con popularidad, su partido como el único.

Una vez en el poder, crea el Ministerio de Propaganda conducido por Joseph Goebbels, uno de sus colaboradores más cercanos, quien monopoliza para el régimen todos los medios de comunicación, radio, televisión, diarios, con el objetivo de lavar el cerebro de toda la población alemana para lograr su subordinación incondicional al *Führer*.

2.5 Populismo en América Latina: de 1930 a hoy

a. 1930-1975: La primera ola del populismo en América Latina

Los comienzos del populismo en América Latina fueron representados por los presidentes Juan Domingo Perón (Argentina), Getulio Vargas (Brasil) y José María Velasco (Ecuador). Surgen gracias a la enorme influencia de las ideas del fascismo y el nazismo como sistemas alternativamente necesarios ante la crisis económica producida por la Gran

Depresión.[30] de 1929 en EE. UU, la Primera Guerra Mundial y la avanzada del comunismo como nuevo sistema político.

Juan Perón era un confeso admirador de Benito Mussolini y se autodenominaba "conductor", traducción de *führer* del alemán. A pesar de no haber sido dictaduras clásicas, ejercieron el poder con autoritarismo y bajo el mismo modelo fascista, apoyados en el círculo rojo de empresarios y sindicatos de trabajadores dependientes de los recursos del estado. Estos tomaron el control de la calle y jactándose de ser "el pueblo" promovieron el nacionalismo, inspirados por el amor a su país y en defensa del pueblo contra la colonización del imperio *yankee* y la oligarquía antinacional local.

b. 1989-2000: La segunda ola del populismo latinoamericano

La segunda etapa para el populismo latinoamericano se inicia en la década de 1990 a partir de una profunda crisis económica del subcontinente: pobreza, *default*, inflación. En 1990 se llega al Consenso de Washington que consistía en una serie de políticas de estabilización y liberalización del Estado para los países en vías de desarrollo. Lo curioso es que los casos representativos llegaron al poder utilizando el método populista con grandes oradores, culpando a la oligarquía de los problemas y al imperio americano. Sin embargo, al asumir sus respectivas presidencias aplicaron las políticas del Consenso de Washington, mal consideradas de derecha, mediante las que lograron estabilizar la economía en sus respectivos países con gran éxito, pues se venía de hiperinflaciones, devaluaciones y crisis sociales que se lograron calmar.

---

[30] Gran depresión se produjo por el quiebre de la Bolsa de Valores de New York, EEUU que provocó una crisis económica mundial durante la década siguiente. (29 de octubre de 1929).

c. 1990-2000: Nacimiento del populismo europeo y estadounidense

En Europa, el populismo irrumpió en la década de 1990 adoptando en su mayoría una forma autoritaria, nacionalista y xenófoba. Donde se produjo la mayor proliferación de partidos y organizaciones populistas de derecha fue en Europa Central y Oriental como consecuencia de la desaparición de los regímenes comunistas tras la caída del Muro de Berlín en 1989.

Mientras tanto, en Estados Unidos, el multimillonario texano Ross Perot se presentó como candidato a las elecciones presidenciales de 1992 con el lema: "Unidos resistimos, América" y con un programa populista también considerado de derecha. Empleaba un lenguaje llano para atraer a la gente "pura" del centro del país que enfrentaba a la élite liberal de la costa este del país, que a su vez acusaba de corrupta, educada en la Ivy League [31] y de haberse apropiado del Gobierno Federal aplicando políticas antiamericanas. Prometía al "verdadero" pueblo americano que "limpiaría el granero de Washington" para que se dejaran de socavar los valores y de otorgar privilegios especiales a las minorías que no los merecían.

d. 1998-Actualidad: La globalización del populismo

En Latinoamérica, las políticas del Consenso de Washington que en los primeros años lograron una espectacular estabilización económica fueron desgastándose con las diversas crisis globales: crisis de México,

---

[31] La Ivy League es una conferencia deportiva de la NCAA compuesta por ocho universidades privadas del nordeste de Estados Unidos consideradas de elite donde estudian los hijos de las familias más pudientes.

"efecto tequila" y del sudeste asiático, "crisis de los tigres asiáticos", y por la fragilidad de tener grandes deudas en moneda extranjera.

Como consecuencia, los pueblos volvieron a caer en la desesperación y a votar a las izquierdas cautivados por su apasionante discurso populista dando lugar a la tercera ola de populismo en América del Sur. Por esas cosas del azar, sus mandatos coinciden con un momento de bonanza económica mundial, donde China veía crecer su PBI a tasas de dos cifras anuales y llevaba el precio de las materias primas por las nubes, incluida la soja y el petróleo.

Este panorama generaba a los países gobernados por la izquierda populista un colchón de dólares para dar estabilidad y les permitía elevar el gasto publico astronómicamente. Una clave que compone el ADN del populismo de izquierda: expandir siempre el gasto. Además, la retórica de estos personajes se basaba en identificar al enemigo en las oligarquías domésticas, las cuales, se señalaba, eran corruptas y velaban por sus privilegios impidiendo igualdad de oportunidades. El discurso, también, se apoyaba en la recuperación de la soberanía nacional que había sido violentada en los años noventa por el FMI.

En Estados Unidos, aparecieron dos movimientos populistas frente a las crisis *subprime* de 2008.[32]. Por derecha, el *Tea Party* y, por izquierda, *el Occupy Wall Street.* El discurso de ambos era la firme oposición a los rescates de empresas y bancos que terminarían quebrando el sistema. Culpaban a la oligarquía de enriquecerse y jugar con el dinero del pueblo esperando que el Estado la rescatara con los recursos del mismo pueblo. Es decir, defendían al *Main Street*, el pueblo sano, contra *Wall Street*, la élite corrupta. El movimiento de izquierda se vio representado en el discurso basado en que el uno por ciento de la

---

[32] Crisis *subprime* es la denominación de la crisis financiera que tuvo su inicio en septiembre de 2008 en Estados Unidos.

población corrupta dañó al noventa y nueve por ciento y debía pagar por ello. Asimismo, el *Tea Party* segmentaba a la población productiva por sobre la improductiva, ubicando en esta última a los burócratas y a la oligarquía corrupta.

En la misma línea, surgieron diferentes movimientos populistas de izquierda: *Syriza*, Coalición de la Izquierda Radical, en Grecia, que llegó al poder en 2015; *5 Estrellas* en Italia y *Podemos* en España. Todos ellos se adjudicaban representar al pueblo y luchar contra la oligarquía corrupta.

I.3. Relaciones entre populismo y filosofía

La filosofía es la ciencia de los hombres libres y la libertad está en ser dueños de nuestra propia vida.

Platón

3.1. Perversidad del populismo como método

La verdad es como un león. No necesita defenderla. Suéltala. Se defenderá sola.

San Agustín de Hipona

¡Me vuelvo loco cuando escucho esta premisa! ¡Es exactamente al revés! La verdad y la realidad se construyen, al menos para las mayorías, para ganar elecciones, para dominar, especialmente en política. La verdad y la realidad existen, pero son inverificables, por lo menos en los tiempos de la política. Ni siquiera mostrando un video en la misma sala se puede llegar a que todos estén de acuerdo en lo que vieron. Ante esta ambigüedad nace el populismo.

El populismo es un método que encontró este *vacío legal* y se dedica a crear esa realidad a través del relato. Por ende, para el ciudadano común la realidad se debe defender todos los días cuestionando las falacias que esparcen desde el poder y aportando la mayor cantidad de datos de su realidad, por ejemplo, vía redes sociales.

La realidad de una región o un país la determina quien gane la *batalla cultural*[33] y quien imponga su relato en una sociedad.

Hoy en día esa batalla está librándose en casi todo el mundo, donde el populismo se está anotando muchas victorias. Uno de los factores que podría explicar el éxito del populismo podría ser el avance tecnológico. Este permite recopilar, observar y rastrear información pública y privada de la población con mayor rapidez y facilidad. Hoy cualquiera puede comprar bases de datos y encuestas de todo tipo.

Los nuevos políticos son fabricados sobre la base de lo observado en la población y son puestos a prueba en sofisticados *focus group* donde se ve la reacción de los consumidores al discurso creado por los consultores. En el mundo del *marketing,* cuando se lanzan productos o ideas nuevas se arman *focus group* de públicos específicos para evaluar sus reacciones y testearlos hasta que haya altísimos niveles de aprobación con la intención de persuadir al consumidor potencial. Este método se trasladó al terreno político.

Una vez el producto listo, se lanza el candidato y se difunde toda la campaña de marketing quirúrgicamente probada en los laboratorios de

---

[33] La batalla cultural suele entenderse como una lucha de poder por redefinir los valores y creencias de una sociedad

la consultora y se envían miles de discursos, audios e imágenes por todos los medios de comunicación con una eficacia para ganar elecciones que cada día impresiona más.

Hay una frase que se le adjudica al expresidente argentino Carlos Saúl Menem: "Si decía lo que iba a hacer, no me votaban". Los políticos se sienten facultados para engañarte, llegar al poder y hacer lo que les da la gana. Por claro manifiesto de su propio comportamiento, están obsesionados por el poder, son capaces de cualquier cosa para llegar a él: mentir, matar, robar. Creen que su fin justifica los medios.

Además, el populismo es marcadamente personalista y no idealista, es decir, se desarrolla sobre el concepto de un líder mesiánico. Sabe que las ideas no importan, importa quién las transmite. Las ideas existen y existieron, pero triunfan solamente cuando encuentran un líder que le pone el cuerpo y alma para triunfar. Por eso el populismo a través de las consultoras trabaja incansablemente en la persona, en su discurso, en su oratoria, en su tono, en su ropa, en su color de cabello, en su barba y hasta en su tono de piel: sabe que el 70 % de la comunicación humana es no verbal.

3.2. Caso paradigmático: Cambridge Analytica

Fue conocido mundialmente el caso de Cambridge Analytica, consultora política global, con base en Reino Unido contratada por políticos de todo el mundo que obtuvo y utilizó los datos personales como edades, sexo, fotos, comentarios, reacciones, necesidades, etnias, de casi noventa millones de usuarios de Facebook.

Hoy con el manejo de bases de datos se puede recabar información de la población para persuadirlos aplicándole el método populista tanto en Estados Unidos como en Argentina o en Tailandia, porque casi todo el mundo tiene un teléfono en la mano con acceso a internet y, por ende, a las redes sociales.

La *Federal Trade Commission*, FTC (Comisión Federal de Comercio de EE. UU.) comenzó a investigar a Facebook en marzo de 2018 una vez que se revelara que, a través de un examen de personalidad, se recolectaron datos de los usuarios que luego se vendieron a la consultora Cambridge Analytica. Hubo varias denuncias de que estos datos pudieran haber sido utilizados para influenciar los resultados de las elecciones presidenciales de 2016 en EE. UU y el referendo del Brexit.[34] ese mismo año.

Aunque solo doscientas setenta mil personas tomaron el examen, un exempleado de Cambridge Analytica afirmó que los datos de cincuenta millones de usuarios, mayormente en EE.UU., fueron recopilados sin su consentimiento explícito desde sus redes sociales. Por este caso, la FTC aplicó a Facebook una sanción de cinco mil millones de dólares por las malas prácticas en el manejo de la seguridad de los datos de los usuarios.

Este es uno de los motivos por los cuales hoy el populismo se consolida en muchas partes del mundo. Es realmente trágico y de perversidad absoluta explorar los sentimientos y debilidades de las personas para armar un discurso empático que los atraiga bajo la mera justificación atroz de querer llegar al poder.

3.3. Filosofía como anticuerpo al populismo

¿Te animas a cuestionarte por qué tienes la religión que tienes? ¿No crees que si hubieras nacido en otra familia o en otro país profesarías otra fe? Entonces, ¿no sientes que te la impusieron y lo mismo ocurrió

______

[34] Separación del Reino Unido de la Comunidad Europea.

con tu posición política? ¿Quién te la impuso?, ¿alguien de tu familia? ¿Te animas a cuestionarlo o lo tienes enaltecido?

Existen infinitas verdades que nos imponen en nuestra vida cotidiana. Está en cada uno atreverse a cuestionarlas pagando los costos sociales. Posiblemente al cambiar de determinado pensamiento tendrás que cambiar de grupo social, de amigos, de club o hasta de familia. Por ejemplo, si en una casa todos son comunistas y uno se torna capitalista o en una familia conservadora religiosa uno se torna ateo o agnóstico, seguramente se dañará la relación porque esos son cambios de valores tajantes que impactan el día a día. Ese será un precio que tendrás que estar dispuesto a pagar para ser libre.

Por ejemplo, en la Argentina, el peronismo gobierna hace cuarenta años casi ininterrumpidamente, lo cual significa por definición, que las mayorías han acompañado con el voto a este partido político en todas sus formas. Este partido, al haber acumulado tantos años de poder, logró penetrar ideológicamente en todas las familias del país, al punto de manifestarse como una especie de religión, la cual, si cuestionas, eres atacado y considerado antipatria, gorila, etc. Todas acusaciones manipuladoras e intimidatorias para que, justamente, nadie se atreva a desafiarlos.

Ese es uno de los grandes motivos por los cuales el peronismo se mantiene en el poder. Por ende, si las personas no se animan a cuestionar a los líderes impuestos socialmente, se seguirán instalando populistas en lo más alto del poder que acabarán, como siempre, restringiendo libertades, el valor más fundamental de la humanidad. Se puede perder salud, se pueden perder bienes materiales, pero sin libertad el ser humano se convierte en esclavo, incapaz de satisfacer sus deseos, degradándose a un nivel en el cual le resultará difícil encontrarle sentido a vivir. Y vale recordar que perder las libertades que hoy gozamos no es algo lejano, está a la vuelta de la esquina, en Cuba, Venezuela, Nicaragua o China.

Para finalizar el capítulo, el maestro Sócrates recalcaba: "No puedo enseñar nada a nadie. Solo puedo hacerles pensar". Con "hacerles pensar" infiere a la importancia de que se debe estar alerta y atento frente a los bombardeos informativos e ideológicos que recibimos: pensarlos y repensarlos, solo cuestionando seremos libres, libres de manipuladores.

CAPÍTULO II.

Democracia, ¿A medida del populismo?

Para mí la democracia es un abuso de la estadística. Y además no creo que tenga ningún valor. ¿Usted cree que para resolver un problema matemático o estadístico hay que consultar a la mayoría de la gente? Yo diría que no; entonces ¿por qué suponer que la mayoría de la gente entiende de política? La verdad es que no entienden, y se dejan embaucar por una secta de sinvergüenzas, que por lo general son los políticos nacionales. Estos señores que van desparramando su retrato, haciendo promesas, a veces amenazas, sobornando, en resumen. Para mí ser político es uno de los oficios más tristes del ser humano. Esto no lo digo contra ningún político en particular. Digo en general, que una persona que trate de hacerse popular a todos debe necesariamente carecer de principios y de vergüenza. El político en sí no me inspira ningún respeto.

Jorge Luis Borges

II. 1. ¿Cuándo, por qué nace y cómo se mantiene?

La democracia nace en la ciudad griega de Atenas, en el siglo VI a. C., ante el hartazgo de los regímenes políticos autoritarios. El gobierno era ejercido por unos pocos individuos, pertenecientes a una clase privilegiada, o por un monarca, a menudo heredado por derecho divino sin importar sus cualidades y capacidades.

En los sistemas democráticos el gobierno surge de la voluntad popular. Los ciudadanos eligen a quienes administrarán los recursos del Estado por un determinado periodo. De esta manera, y con la posterior división en tres poderes (ejecutivo, legislativo y judicial), la democracia se consolida como la mejor forma representativa y equilibrada de ejercer el poder que predomina hasta el día de hoy.

Todos alguna vez tuvimos alguna idea brillante que nos habría vuelto ricos o cambiaría la realidad del mundo, pero ¿cuántos realmente la llevaron a cabo? El verdadero diferencial no es la idea, sino implementarla satisfactoriamente mediante un proceso que perdure. Por ejemplo, existen numerosos buscadores de internet, pero Google puso en marcha un sistema simple e intuitivo que interpreta de la mejor manera lo que uno quiere encontrar. Algo similar sucedió con los celulares, la idea estaba y había miles de empresas trabajando en ello, pero Apple fue la que logró un celular fácil de manejar, rápido y de buena calidad.

Haciendo un paralelismo, la idea detrás del sistema de la democracia es todavía la mejor que existe, pero el desafío es aplicarla con la mayor eficacia y transparencia posible adaptándola tecnológicamente a los tiempos modernos para evitar que los parásitos populistas se aprovechen de los defectos del sistema para provocar desastres. Una vez que llegan al poder, es casi cantada su incapacidad de gestión de gobierno, que no de casualidad se contrapone con sus grandiosas cualidades oratorias y demagógicas para emocionar, contagiar y conducir a las masas.

Son una especie de sofistas, individuos especializados en el halago, la adulación y el engaño que refutan los argumentos de un adversario basándose en una oratoria atractiva y envolvente. Por ello, los debates públicos terminan convirtiéndose en un concurso de popularidad más que una discusión de proyectos, de ideas de Estado y posibles consensos.

Pero, "la culpa no es del cerdo sino del que le da de comer" como expresa el refrán popular. Es decir, en el fondo no hay que olvidarse de que los candidatos son un reflejo de la sociedad. Ante una sociedad de creyentes, un populista con un discurso esperanzador será ídolo, pero ante una sociedad con una educación mayormente científica y empoderada, será un bufón marginal tomado para las risas.

Es de público conocimiento y verificable que las personas no leen las plataformas con las propuestas de los partidos políticos (muchas de ellas hasta faltas de ortografía tienen) ni escuchan las ideas. Les gusta más el morbo de la pelea, la chicana, los chistes, la vestimenta, algún gesto particular, su pareja, infidelidades, los hijos, los excesos y todo lo que dé para chismes. Las elecciones y su largo proceso de entrevistas, debates, presentaciones de candidatos resultan un entretenimiento popular. En definitiva, los populistas no son serios, porque la gente no se toma el proceso en serio. Entonces, la calidad de los políticos depende de la calidad del público. Ante una sociedad educada científicamente, un candidato que afirme que el cambio climático es un invento de los medios será automáticamente ignorado porque existe sobrada evidencia científica. En una sociedad con educación tradicional, penetrará la idea de que es una teoría conspirativa porque se desconoce el tema o porque no se está interesado en ayudar a resolverlo.

Parece complicado que cambie de mentalidad un pueblo o país entero, pero yo no lo creo así. Pensemos en un comediante que hace chistes machistas. Hasta hace pocos años su rutina era muy divertida para hombres y mujeres, era aceptado socialmente. Ahora, en cambio, ese comediante debe reemplazar su rutina o deberá retirarse. La evolución de la sociedad eliminó, por reflejo, a este tipo de comediantes: no le damos de comer al chancho y muere solo.

El periodista-novelista cubano Carlos Alberto Montaner.[35] lo explica muy gráficamente:

> Si uno accede al podio de Naciones Unidas y pronuncia el millonésimo discurso sobre la conveniencia de preservar la paz y alimentar a los pobres no hay forma humana de aparecer en el New York Times. Eso se logra, en cambio, declarando que el diabólico George W. Bush dejó una perceptible fetidez a azufre cuando pasó por la tribuna previamente.

II. 2. Dos miradas filosóficas modernas

2.1. La democracia según Jorge Luis Borges

Para dar inicio al presente capítulo no encontré mejores palabras, mejor perspectiva, ni mejor autor que Jorge Luis Borges que resume lo que significa la democracia: un juego donde el más desfachatado e inescrupuloso hace maquiavélicamente todo lo necesario para llegar y mantenerse, como un adicto, en el poder. Lo logra a través de una suerte de concurso de popularidad llamado elecciones, que poco o nada se relaciona con los problemas o desafíos reales de una sociedad. Sin duda, la democracia es un sistema totalmente viciado desde su origen y ni la división de poderes ni las constituciones resultan suficientes para

---

[35] Carlos Alberto Montaner Suris es un periodista, escritor y político de origen cubano nacionalizado español estadounidense. Ha ganado varios premios relevantes y colaborado con periódicos de renombre internacional y publicado decenas de libros.

contener a los populismos que cada día se expanden con más fuerza por el mundo.

Preguntaba, irónicamente, Borges: "Para resolver un problema matemático o estadístico, ¿es necesario consultar a las mayorías?". Respondiendo a ella, es mejor que ese problema matemático lo observe una mayoría que una minoría, pues la minoría en general es más fácil de corromper (matemáticamente es más fácil corromper a uno que a diez). Pero esa mayoría tiene que ser de "calidad", debe estar interesada en resolver el problema, esta es la clave, gente que le dedique tiempo y ganas al tema correspondiente. Es mucho mejor que debata y resuelva el problema esa mayoría interesada antes de que su solución quede delegada en una mayoría desinteresada. Por ejemplo, todavía hay países donde se obliga a la gente a ejercer el voto, pero a muchas de esas personas obligadas no les interesa la política. Por lo tanto, terminarán votando y viciando el proceso democrático con votos de baja calidad que acaban por beneficiar al candidato populista.

2.2. La democracia según Aristóteles

De los doscientos escritos de Aristóteles solo sobrevivieron treinta y uno. Uno de ellos es *La política*, donde brinda las primeras definiciones de los tipos de gobiernos con sus posibles desviaciones y comienza a plantear los temas del populismo y la demagogia.

En un fragmento expresa:

> De los gobiernos unipersonales solemos llamar monarquía al que vela por el bien común; al gobierno de pocos, pero de más de uno, aristocracia (bien porque gobiernan los mejores [*aristoi*] o bien porque lo hacen atendiendo a lo mejor para la ciudad y para los que

forman su comunidad); y cuando la mayoría gobierna mirando por el bien común, recibe el nombre común a todos los regímenes políticos: república…

Desviaciones de los citados son: la tiranía, de la monarquía, la oligarquía, de la aristocracia y la democracia, de la república. La tiranía, en efecto, es una monarquía orientada al interés del monarca, la oligarquía, a los ricos y la democracia al interés de los pobres. Pero ninguna de ellas presta atención a lo que conviene a la comunidad.

Lo más interesante de la clasificación hecha por Aristóteles es que, en ese entonces, se manifestaban las posibles desviaciones o fallas de los sistemas de gobierno. El punto central es que, sea cual fuere la forma, lo primordial son los valores y la calidad de quienes ejercen el gobierno a través del cual se debe buscar el bien común, incluyendo a mayorías y minorías. Cuando se sufren graves crisis, se necesita velocidad en las decisiones, circunstancias a las cuales algunas democracias no consiguen adaptarse, pero mientras el bien común sea el valor principal de los que ejercen el poder, es viable cualquier forma de gobierno según la situación lo requiera.

II. 3. Democracia y Justicia anticuadas

3.1. Democracia, Justicia y el caso del fútbol

Si partimos de la base que la democracia es una competición por cargos públicos, donde gana el más popular, el candidato dirá y hará lo que sea que la gente quiera ver y escuchar en el momento que necesita de su voto.

En el siglo XXI, eso es muy sencillo de lograr a través de encuestas cada vez más sofisticadas que desarrollan consultoras políticas en pos de preparar el relato perfecto para difundirlo en el momento exacto. Este flanco deja una imperfección abierta del sistema extremadamente peligrosa. De manera que, la democracia como sistema, para no ser vulnerada en el siglo XXI, también necesita modernizarse con una fuerte actualización tecnológica. Miremos el ejemplo del deporte más popular del planeta, el fútbol.

¡Hasta el fútbol tuvo que adaptarse incorporando tecnología! Ahora los partidos cuentan con VAR (*Video Assistant Referee*), lo cual aporta mucha más transparencia al juego: las decisiones no pasan solo por una persona, sino que son tres los jueces que miran con cámaras especializadas antes de tomar determinada decisión, la cual muchas veces cambia un partido y millones de dólares en juego. Vuelvo al punto anterior, es más fácil corromper a un árbitro sin videos que, a tres con videos vistos en simultáneo por millones de televidentes, con voz y opinión en redes sociales.

Honestamente, no sé cómo se logró, pero el VAR ha eliminado, casi por completo, la posibilidad de hacer trampa en el fútbol. Si se animan e igual hacen la trampa la misma queda evidenciada, denunciada públicamente y se puede castigar en su debida jurisdicción, generando un antecedente y a largo plazo una enorme disminución de corrupción. El sistema fue colocado por la misma FIFA para lograr una mayor transparencia, dando un ejemplo claro de actualización tecnológica exitosa que debería fomentarse para la democracia. El problema no es la *hackeabilidad* ni la seguridad del sistema, el problema es que los dueños del circo, los políticos, no quieren o no han sido forzados a hacerlo.

Ahora bien, si trasladamos este análisis futbolero al juego de la democracia, el árbitro sería la justicia. Es decir, es el que tiene el rol de mediación desde una mirada imparcial y basada en el reglamento institucional frente a determinada situación que rompe las reglas. Pero ¿qué pasa si ese árbitro no es bueno?, o ¿no ve todas las jugadas?, o ¿no conoce bien el reglamento o directamente está corrompido? Llevándolo a un partido de fútbol, es inmensamente diferente jugarlo con árbitro que sin árbitro. Cuando se juega con árbitro y jueces de línea, los jugadores tienden a cumplir las reglas, porque saben que al hacer faltas serán amonestados.

¿Y qué pasa en los partidos de barrio sin arbitro? Todo lo contrario, cuando te hacen falta o te pegan una patada fuerte, lo que ocurre, es que se devuelve con la misa moneda, la misma patada y más fuerte todavía, como mecanismo de defensa. Entonces, si en la democracia el árbitro de la constitución nacional, que es la justicia, no funciona, es lenta o es corrupta, lo que ocurre es que los ciudadanos se empiezan a golpear y pagar con la misma moneda. De forma que, hasta que no haya una justicia que funcione de manera rápida, automática, transparente, digital, reinarán las leyes de la naturaleza, el ojo por ojo y diente por diente.

Eso explica por qué en las zonas rurales de cualquier parte del mundo es común portar armas puesto que la justicia, la policía y las instituciones de contralor actúan de forma más lenta y defectuosa, dejando como resultado que la gente deba realizar esas funciones por su cuenta.

Ejemplo, ¿cuánto demora en llegar la policía a una casa en el medio del campo y cuánto demora en llegar en New York? No es viable, para un ciudadano dejarse robar tantas veces en su casa y su negocio, siendo que avisa a la policía, hace la denuncia judicial y no se investigan las mafias. El ciudadano común buscará armarse, lo cual parece lógico desde la individualidad de cuidar a su familia y un poco más osado desde la mirada e idea colectiva de que todo el mundo porte armas. Por este motivo, hasta que se modernice la justicia, el individuo debe tener la potestad de defenderse con la misma fuerza que ejerce el delincuente.

3.2. El voto obligatorio vs el voto interesado

Cuanto más ignorante sea el pueblo, más sencillo será imponer el populismo. Cuanto más en crisis y necesitado de urgencias, más creerá el relato, porque le dará esa esperanza que, emocionalmente, necesita.

En muchísimos países todavía el voto es obligatorio. Este sistema obliga a emitir un sufragio a ciudadanos que no tienen interés, que no se preocupan, no investigan, no dudan, no debaten los problemas y no tienen una visión de lo que podría ser mejor para su país. Es imperativo que el voto se emita en libertad, de manera voluntaria y con convencimiento; debe ser un derecho y no una obligación. Los obligados a ir seguramente desconozcan todo lo relativo a la política del país y terminarán votando al populista. Si quitamos su obligatoriedad, el voto obtendría calidad. Cualquiera sea su ideología, lo importante es que el votante esté interesado y dispuesto a transitar un proceso informativo y de debate que le permita sufragar a favor de quien crea que hará lo mejor para su país. De esta manera, resultaría más factible evitar los groseros engaños del populismo que vimos, vemos y posiblemente seguiremos viendo con nefastas consecuencias de hambre, recorte de libertades, abuso de autoridad y muerte.

Respecto al voto calificado: no es una alternativa válida. Nadie tiene la potestad de indicar o imponer si otro está calificado o no para votar. Esta idea debe ser desterrada, pues no hace más que crear élites que se alejan de las realidades de los pueblos. Se ha probado en muchas ocasiones y siempre fracasó.

El voto interesado es una buena alternativa para aplicar y mejorar la calidad del voto en los países retrógrados donde todavía es obligatorio. Permite que solo aquellos ciudadanos que se interesan por los asuntos del país sufraguen. Por consiguiente, rechazo fervientemente el voto obligatorio y las campañas publicitarias que promueven que la gente vaya a votar. Una vez más, quien no se interese por los asuntos de su país será mejor que se quede en su casa dedicándose a los asuntos que le agradan.

En democracia nunca se elige al más preparado, el más inteligente o el mejor líder que cuenta con equipos técnicos para conducir un gobierno. He visto mucha gente que ha confesado desinterés por la política, pero luego van a votar y cuando se les pregunta el criterio responden: "Tal candidato me cae más simpático", "por como habla", "porque me siento identificado en cómo se viste". Todos argumentos que hacen que la democracia sea un sistema viciado en el cual el más popular gana.

En vez de una campaña para que la gente vaya a votar, debería haber una campaña para que la gente no vaya a votar, para que concurran los que realmente están interesados en la política y los asuntos relativos al Estado, como cuando la lluvia hace que los aburridos se queden en la casa, esas son las mejores noches de fiesta porque solo salen los que realmente quieren.

II. 4. Demagogia

4.1. ¿Todos somos culpables del populismo?

Uno puede echarle la culpa de todo a su infancia, culpar indefinidamente a sus padres de todos los males que padece, de las pruebas a las que lo somete la vida, de sus debilidades, de sus cobardías, pero a fin de cuentas es responsable de su propia existencia; uno se convierte en quien decide ser.

MARC LEVY

¿Por qué tiene más audiencia un debate cara a cara de dos candidatos presidenciales, que su página de internet donde publica la plataforma electoral y contiene el plan detallado que implementará en economía, salud, inmigración, educación y cada área de gobierno? Un debate en televisión tiene un *rating* altísimo de millones de televidentes, mientras que la plataforma es online, gratuita y disponible las 24 horas, pero pocos la visitan, y menos son quienes la leen completa.

De la decadencia muchos culpan a los políticos, me parece que esa es la salida fácil, la punta del iceberg. Siempre la culpa la tiene el otro. Mis problemas son por culpa de ellos y no por falla mía. De esa manera duermo tranquilo porque sé que no hay nada malo en mí, yo no debo repensar nada, el malo es el otro. Pero la realidad es exactamente al revés: los ciudadanos somos los culpables de votar a los políticos que tenemos. Las personas son las que con el *rating* televisivo les dan valor a los políticos demagogos, a aquellos que en público hablan como en su casa, rebaten cualquier argumento, ensucian a los demás candidatos y esquivan todo tipo de conversación complicada con grandes trucos de oratoria. Pareciera que a la gente le encanta el entretenimiento y el morbo que produce ver pelear a los políticos, insultarse, desafiarse o gritarse. Un disfrute que me recuerda al famoso circo romano donde luchaban a muerte entre los esclavos al ritmo de los aplausos de un público excitado.

La pregunta sería: ¿por qué la gente le da más atención al entretenimiento político y no otorga el mismo tiempo para conocer las plataformas electorales? Si tuvieras que elegir un médico que te opere del corazón, no pudiendo optar por recomendación, y se presentaran dos candidatos, sabiendo que tu vida depende del cirujano, ¿cómo lo elegirías? Estoy seguro de que tu criterio principal no se basaría en la oratoria ni en la simpatía. Pues entiendes que se trata de un tema de vida o muerte. Posiblemente le hagas muchas preguntas a ambos, estudies sus currículos, trayectorias e historias de vida. Asimismo, validarás la veracidad de los datos y realizarás, con mucha seriedad, todo el proceso. Entonces, si para esta circunstancia te tomarías la elección con seriedad, ¿por qué para elegir a los políticos que te van a gobernar no lo haces?

El trasfondo del problema no es que la gente que no le da seriedad al asunto sin razón: no le da seriedad porque descree del sistema político. Si los políticos pueden decir una cosa en campaña y hacer otra en el gobierno, ¿cuál es el sentido de votar, ¿por qué se tomarían en serio el proceso? Bajo esta lógica, mucha gente, en su frustración de no poder actuar frente a este sistema, trata de no prestar atención a la profundidad de los problemas. Mete la cabeza debajo de la tierra como el avestruz. Sostenía Nietzsche:

> A veces, la gente no quiere escuchar la verdad porque
> no quieren que sus ilusiones se vean destruidas.

Haciendo, nuevamente, referencia a la serie *Los Simpson*, hay un capítulo donde Bart derriba un satélite de la MLS.[36] que estaba espiando y

---

[36] Ligas mayores de béisbol en EE. UU.

recopilando información personal de la gente. Un día ese satélite es derribado y la gente al verlo queda anonadada buscando una explicación. Acto seguido, llega a la escena un jugador de béisbol famoso, al que todos preguntan directamente para qué era utilizado ese satélite, a lo que el jugador hábilmente esquiva la pregunta y responde con otra: "¿Quieren saber la aterradora verdad o desean verme anotar algunos cuadrangulares?". Efusivamente gritan: "¡Cuadrangulares!". Esta ironía no podría graficar mejor el deseo social de entretenimiento por sobre las verdades inconvenientes. El cambio climático es un clarísimo ejemplo, como referencia encontramos el documental: *An Inconvenient Truth*.[37]

Hoy, las estadísticas e información de calidad son públicas, basta con tener una computadora y un celular con internet para poder acceder a las mismas. De manera que nosotros somos los que no las queremos ver. Según definiría uno de mis filósofos existencialistas preferidos, Soren Kierkegaard[38], padecemos "el vértigo de la libertad" o el vértigo de saber: la gente prefiere no saber de los problemas, sobre todo los que no puede resolver porque no tiene control directo y pueden perturbarla.

En línea con este sentimiento, Heródoto[39], gran historiador y geógrafo griego escribió: "De todos los infortunios que afligen a la humanidad, el más amargo es que hemos de tener conciencia de mucho y control de nada".

---

[37] Una verdad incómoda, traducida al español, es una película documental del director Davis Guggenheim acerca de la campaña del ex vicepresidente de Estados Unidos Al Gore para educar a los ciudadanos sobre el calentamiento global a través de una exhaustiva presentación de diapositivas que, según su propia estimación, ha dado más de mil veces.

[38] Søren Aabye Kierkegaard (1913-1985) fue un filósofo y teólogo danés considerado el padre del existencialismo.

[39] Heródoto de Halicarnaso, historiador y geógrafo griego que vivió entre el 484 y el 425 a. C. Tradicionalmente considerado como el padre de la historia en el mundo occidental, fue el primero en componer un relato razonado y estructurado de las acciones humanas.

Para ejemplificar, el calentamiento global es un fenómeno del que todos hemos escuchado, pero en el que nadie quiere entrar en detalle. Nos perturba la magnitud del problema y lo poco que se puede hacer individualmente; preferimos ignorarlo. Cuanto menos sepamos mejor.

Cuando nos angustian los problemas que no podemos controlar, decidimos dejarlos a un lado para enfocarnos en las cosas más triviales, divertidas, placenteras de la vida, como ver pelear a dos o más políticos por un voto en televisión, como si fueran monos con navaja luchando en un circo. Seguramente, ese entretenimiento o distracción genera menos angustia o perturbación y permite algunas risas. A veces, sin embargo, me incluyo en estas preferencias.

Epicuro.[40] sostenía que la clave de la felicidad era la *ataraxia*, la ausencia de todo tipo de perturbaciones. En otros términos, si conocemos exhaustivamente todos los problemas sociales que existen, seremos perturbados.

Al público que asiste al espectáculo diario del circo político podemos dividirlo en dos grupos: "los divertidos" y "los aburridos". En el primero, se encuentran los que tienen el día ocupado, entretenido: con trabajo, familia, *hobbies*, inconvenientes y todo tipo de tareas productivas. Se levantan temprano y terminan tarde. Realizan actividad física, resuelven problemas, desarrollan proyectos, no tienen tiempo para perder. Tienen su vida completa, llena de emociones, ocupada, atareada y motivada; por tanto, necesitan de una mayor tranquilidad y previsibilidad desde lo político para desarrollarse y enfocarse en su familia, negocio o trabajo.

Por el contrario, el segundo está formado por los que tienen vidas aburridas: trabajo rutinario, desgano general, falta de proyectos

---

[40] El filósofo griego Epicuro, también conocido como Epicuro de Samos, nació, según D.L. 10.14, el 1 de noviembre de 341 a. C., quizás en Atenas o en Samos, y falleció en Atenas en 271/270 a. C. y fue el fundador de la escuela que lleva su nombre.

personales. Necesitan entretenimiento, temas de qué hablar y para eso se alimentan de la morbosidad que el populismo les ofrece en pos de tener algo fácil que comentar, mirar, reírse y criticar. Es increíble pero las personas que más tiempo libre tienen son quienes menos actividades hacen durante el día y esto produce una cadena de reacciones anímicas negativas que lo llevan a no hacer nada, ni siquiera ocuparse de cosas mínimas como el aseo personal.

Como cuando uno está sin trabajo y se queda en la casa: se dispone de más tiempo, el despertador suena tarde, no se lava los dientes, no se peina, se queda viendo televisión. Como anécdota, recuerdo que en mi niñez me llamaba poderosamente la atención que tenía un compañero de colegio quien, aunque vivía cruzando la calle, era siempre el último en llegar a clase. ¡No lo podía entender! Amigos que tomaban el tren y dos colectivos, a quienes les llevaba dos horas llegar, eran siempre los primeros.

Si lo aburridos y divertidos estarían en una ecuación matemática, el factor multiplicador del efecto sería el que más tiene por perder o ganar, que finalmente será el más interesado por el asunto. De modo que en el mundo empresario, el que arriesga su patrimonio, expectativas futuras y tiene algo que perder o ganar tangible como reformas impositivas, migratorias o económicas, son los que realmente se interesan en entender qué es lo que va a hacer el político que llegue al gobierno y, por lo tanto, votan desde una perspectiva racional, informada, con la más fuerte de las motivaciones: la supervivencia de sí mismos, de sus empresas, de sus empleados y sus familias, de sus patrimonios, de sus proyectos y de sus sueños.

Es el que tiene más en juego y sabe que, como en el ejemplo de la cirugía, se está rifando su futuro todos los días, teme perderlo todo, años de sacrificio y construcción. Cuando el individuo siente que puede ganar o perder, más atención le prestará al candidato y sus propuestas, por eso los grandes foros empresarios se ocupan de llamar a los candidatos para exponer sus propuestas económicas en privado antes de las elecciones y hacen grandes aportes económicos a las campañas.

Concluyo que las personas que, por diferentes motivos, dejan de estar ocupadas o enfocadas en temas que los hacen felices, potenciadas por el punto anterior, terminan por aburrirse y entrar en un *statu quo* que las convierten en fieles espectadores y seguidores de los políticos populistas y sus causas. Lo cual trae como como consecuencia que, en el mundo entero, se expanda el populismo. No hay duda, hay muchas trampas, pero al final del día, la culpa es nuestra: de la gente y no de los políticos. Ellos son la mejor expresión de lo que el pueblo pide.

4.2. La demagogia según Aristóteles

Aristóteles advirtió hace miles de años, de manera categórica, la falta de escrúpulos de los demagogos populistas para seducir al pueblo, conseguir su apoyo y llegar al poder. Como ya lo hemos visto, al poco tiempo y al acabarse el botín del estado por corrupción y pésima gestión, terminan convirtiéndose en tiranos. Por la propia definición de populismo e inercia, el que es bueno hablando es malo gestionando, pues dedica la mayor parte de su tiempo en armar un buen discurso y ser popular, por ende, no le dedica tiempo a la gestión. No existe ningún caso de un gobierno populista exitoso en la historia de la humanidad. Si no se afrontan los problemas, un día explotan. Y cuando explotan, terminan cometiendo las peores atrocidades desde restricciones de libertades, encarcelamientos y asesinatos políticos junto con corrupción, narcotráfico y terrorismo de Estado.

Las democracias, principalmente, cambian debido a la
falta de escrúpulos de los demagogos; en efecto, en

privado, delatando a los dueños de las fortunas, favorecen su unión (pues el miedo común pone de acuerdo hasta a los más enemigos) y en público, arrastrando a la masa. [...] Antiguamente, cuando se convertía la misma persona en demagogo y estratega, orientaban el cambio hacia la tiranía; pues, en general, la mayoría de los antiguos tiranos han surgido de demagogos.

Cuando el maestro Aristóteles hablaba de falta de escrúpulos, interpreto que se refería a los artilugios psicológicos como la apelación a emociones, el miedo o la esperanza, más engaños y promesas de gloria vacías. Todo lo cual iba a contramano de los valores de todo hombre honrado que solo se atreve a mirar a los ojos y prometer lo que realmente cree que puede cumplir. Uno de los engaños que destaca en sus escritos es que el miedo hace poner de acuerdo hasta a los peores enemigos, siendo este uno de los trucos más utilizados por el método populista para llegar al poder. Ante una amenaza superior (enemigo externo), los ciudadanos olvidan las diferencias y apoyan sin condiciones al gobierno de turno.

Este filósofo deja, como mensaje principal, que los populistas son quienes corrompen la democracia hacia la demagogia. Y lo más peligroso es que lo logran hacer inteligentemente, al límite, pero dentro de las leyes, las reglas de juego del sistema democrático, donde el que miente mejor es quién gana y no existen las represalias.

II. 5. Transición a la Democracia moderna

5.1. Evolución a democracia libre, interesada y participativa

> *La democracia significaba que todo hombre tenía derecho a ser*
> *oído, y que las decisiones se tomaban conjuntamente, como pueblo.*
>
> Nelson Mandela

Lo de la cita de Mandela es ideal, pero hoy no sucede. El gran problema de la democracia es la calidad del voto, el populismo engaña muy bien a la gente. Si cometer perjurio.[41] es un delito en una corte de justicia, ¿por qué no podemos hacerles pagar la mentira a los políticos con años de cárcel? Lo pensarían dos veces. A fin de cuentas, hay que admitirlo: todos somos un poco hijos del rigor. Lo señalaba Mateo (7:15) en la Biblia:

> Cuidaos de los falsos profetas, que vienen a vosotros
> con vestidos de ovejas, pero por dentro son lobos rapa-
> ces.

Para explicarlo de manera simple, pensemos en la administración de un consorcio de un edificio donde todos son invitados a debatir el presupuesto, a definir las prioridades, donde usualmente concurren las personas realmente interesadas en el asunto, las que componen un grupo de individuos motivados, con garra y energía para resolver los problemas. No importa la capacitación técnica (se pueden contratar

---

[41] Mentir bajo juramento en un tribunal puede ser la base para ser acusado o acusada por perjurio. El perjurio es un delito.

profesionales en última instancia), sino el interés genuino en opinar o ejercer el voto sobre un tema de la comunidad.

Pero ¿qué sucedería si en una reunión de consorcio todos los vecinos fueran obligados a concurrir y votar sobre un presupuesto cuyas prioridades desconocen? Supongamos que a las reuniones mensuales de consorcio concurren de manera recurrente veinte propietarios que conocen los problemas, los vienen estudiando y resolviendo con el presupuesto que es siempre limitado. ¿Qué pasa si se obliga a que los cien propietarios decidan cómo gastar el presupuesto? Serían ochenta personas que desconocen totalmente los asuntos, pero son amplia mayoría y están obligados a votar.

¡Qué desgracia! Me imagino esa reunión: los veinte que conocen todo llenos de rabia y los ochenta que aparecen solo en esa reunión, esperando conocer hacia dónde va la mayoría o los líderes para votar. De seguro terminarán apoyando la solución que mejor entiendan luego de dedicarle diez minutos en esa reunión, a diferencia del grupo que siempre está y que entiende los problemas de raíz y las prioridades a resolver.

Sinceramente, en ningún edificio donde habité me he interesado por esos asuntos. Por consiguiente, me coloco primero en la lista para admitir que me parece injusto que mi voto sea obligatorio y valga lo mismo que el de los vecinos que se interesan, participan y conocen en profundidad las prioridades. Por respeto, no voy a la votación. Si bien la regla dice que siempre es mejor que las decisiones se tomen entre la mayor cantidad de gente, esa regla está incompleta. El verdadero enunciado debería ser así: las decisiones deben tomarse entre la mayor cantidad de gente *interesada*. Por eso, en vez de ir e interferir, mi mejor decisión es no participar para no afectar la calidad de los votos. Algún día, cuando me decida, participaré, me interesaré y votaré tratando de aportar a la causa.

Extrapolando el tema a nuestra sociedad, en el siglo de internet con la revolución de la información digital, gratuita y universal, mucha gente se siente capacitada para opinar o emitir un voto o una idea sobre cualquier tema. Se percibe y se ve una necesidad ciudadana de participación activa en las decisiones políticas cotidianas de cada Estado. Basta con ver como Twitter o Facebook, que nacieron con la finalidad de compartir fotos, historias o comentarios entre amigos y familiares se han convertido en un campo de batalla de ideas, culturas, dogmas, acusaciones y memes en tiempo real, donde los *trending topics* de temas políticos cada vez ganan más centralidad. En cualquier parte del mundo, a través de *hashtags*, se busca un tema particular en redes sociales para dejar una opinión, argumento o postura. Esa necesidad de manifestarse busca influir con fuerza en la política nacional e internacional.

Hoy día, muchos grupos interesados en temas políticos se convocan y organizan fácilmente de a miles por redes sociales para realizar manifestaciones masivas en las calles. Aquello pareciera ser un reflejo de impotencia contra el sistema político legislativo, ejecutivo y judicial que no va a tono con las necesidades de la sociedad. Todos sabemos que, en definitiva, "el que no llora, no mama". En Argentina, en Chile, en Estados Unidos, en Francia y en Júpiter. Pero lo más impresionante es que hasta hoy la política no ha encontrado forma de pararlas. Son tan contundentes y masivas, que, por ahora, solo se responde cediendo a los reclamos.

De manera que todo lleva a pensar que las sociedades al estar más informadas, organizadas y conectadas en tiempo real buscan una participación activa en las decisiones políticas, lo cual es un saludable control al poder, dado que el rol del periodismo ha perdido muchísima credibilidad. El próximo paso será darle un marco legal. Posiblemente en algunos años habrá un nuevo sistema democrático, de mayor participación social mediante alguna aplicación tecnológica.

Para llegar a ese sueño, antes se deben resolver algunos problemas. Por ejemplo, en Argentina, existe un impedimento que es el Artículo 22 de la Constitución Nacional que establece:

> El pueblo no delibera ni gobierna, sino por medio de sus representantes y autoridades creadas por esta Constitución. Toda fuerza armada o reunión de personas que se atribuya los derechos del pueblo y peticione a nombre de este, comete delito de sedición.

En este sentido, habrá que comenzar por el principio y modificar algunos aspectos de la Carta Magna. El mencionado Artículo 22 resulta de la prehistoria. Obviamente no existía la tecnología actual cuando se sancionó. Mediante representantes, en ese entonces, era la mejor forma, pero hoy no es suficiente. Este proceso de integración tecnológica a la democracia es imparable, el mundo evoluciona al ritmo de la tecnología.

Existir existen muchas formas de implementarlo. Una de ellas, ya propuesta, es utilizar la "gamificación" como técnica de aprendizaje que traslada la mecánica de los videojuegos al ámbito educativo-profesional con el objetivo de darle mayor volumen, jerarquización, interés e interacción al asunto. Se puede aplicar, por ejemplo, añadiendo niveles, rankings, concursos, pruebas, desafíos. De esta manera se puede armar una especie de club por niveles con los interesados.

Es una forma de organizar lo que hoy ocurre en redes sociales. Lo lógico es que haya muchos clubes digitales, la mayor diversidad y cantidad posible (que hoy ya existen en forma de ONG, clubes de política, partidos políticos, etc.) que confluyan para obtener un peso político real que represente a la gente directamente, y no a través de un político.

Se ve que para la gente no alcanza con votar cada dos o cuatro años y que los dirigentes hagan lo que se les antoja una vez consigan la victoria electoral. Por como fluye la información, las personas se dan cuenta que los gobernantes no son ni muy inteligentes ni mejores que los ciudadanos comunes interesados. Así como se puede leer en el relato "El traje nuevo del emperador" del danés Hans Christian Andersen[42], "el rey está desnudo". Gracias a la tecnología cada vez vemos más la falta de representación de los políticos.

En la mayoría de los casos, son abogados lobistas que saben persuadir y saben de leyes, pero no han administrado ni un kiosco, sin mencionar que usualmente llegan a la política financiados por alguien, lo que los condiciona desde antes de empezar. Por ejemplo, en las elecciones legislativas, todavía en la mayoría del mundo no se puede votar individualmente diputado por diputado o senador por senador, sino mediante un voto de "lista sábana" general donde no se pueden seleccionar los candidatos, sino que se ofrece una sola lista completa del partido político que sea.

Estos son solo algunos de los vicios que salen a la luz gracias a internet y la masividad de información. En consecuencia, la gente empieza a informarse, a ver videos de políticos cometiendo irregularidades, hablando barbaridades y comienza a tomar conciencia. Antes de internet, ante cualquier acusación eran solo palabras que podían ser negadas o desmentidas con facilidad y quedaba la denuncia en la nada. En la actualidad, la sociedad tiene un papel de periodismo o fiscalización dado que todos los ciudadanos de todas las clases tienen celulares con cámara

---

[42] Hans Christian Andersen fue un escritor y poeta danés (1805/1875), famoso por sus cuentos para niños, entre ellos *El patito feo, La sirenita* y *La reina de las nieves*.

y redes sociales para exponerlos con fotos y videos. Sin duda, es un proceso que está comenzando y no tiene vuelta atrás. En poco tiempo, las personas a través de la tecnología estarán participando de las decisiones del Estado.

5.2. Tecnología como puente hacia la participación ciudadana

Al igual que un auto cuando sale a la calle, la tecnología también es un arma de doble filo. Necesita reglas, recambios, mantenimiento y controles para que sea utilizada de forma correcta, de lo contrario puede ser peligrosa. Cuando una persona se sube a manejar un vehículo de tres toneladas de peso promedio y que alcanza velocidad de doscientos kilómetros por hora, puede usarlo bien y sacarle beneficio haciendo cosas productivas, trabajando con él, yendo a la universidad, viendo amigos; o puede ser que lo maneje mal, en estado de ebriedad, choque, matando personas y acabando preso con el agravio de destrozar familias. Convengamos también que, en el ejemplo, el auto puede producir mucho daño, pero al menos de forma limitada. Sin embargo, con la tecnología, el daño o el beneficio pueden resultar ilimitados o tener un impacto a gran escala.

Se ha hablado mucho sobre este desafío de agregar tecnología a los procesos democráticos del Estado. En esos debates siempre se resaltan los grandes riesgos de hackeo y fraude, por eso globalmente se ha optado, en general, por ir despacio con pequeños cambios. Además, antes de lanzarse, todo nuevo sistema necesita, imperiosamente, estar acompañado de una reglamentación, controles, finalidad clara, recambio de autoridades, auditorias independientes, comité de seguimiento, junto con el amplio consenso que debería tener en la sociedad.

Sin dudas, es la tecnología la gran facilitadora de la democracia participativa que permitirá integrar y organizar mejor a todos los grupos interesados en cuestiones de Estado para que puedan tener legalmente algún contrapeso, por ejemplo, en la votación de leyes. Esto lo confirman miles de ciudadanos que no llegan al congreso, pero forman grupos, organizaciones u ONG que se crean sobre el interés de un tema particular: medioambiente, víctimas de terrorismo, violencia de género e innumerables asuntos de trascendencia social. O también los numerosos usuarios que debaten a diario con candentes discusiones políticas en Twitter, Facebook y otras redes sociales. No hay que desvalorizarlos, son gente interesada pero que no tiene ni el tiempo ni las ganas de organizarse en un partido.

Parece no alcanzar el intentar influenciar al congreso con marchas, manifestaciones o campañas en redes sociales. Los ciudadanos se sienten impotentes e iracundos. Un claro ejemplo fue la discusión de la ley de aborto legal, seguro y gratuito en Argentina, sobre la cual, seguramente los grupos sociales estaban más capacitados que los legisladores en el tema. Adicionalmente, muchos congresistas tienen intereses comprometidos al asumir la banca que no les permiten ejercer el voto en libertad.

Por estos motivos, es urgente implementar un sistema tecnológico entero que mejore el proceso democrático en el antes, el durante y el después.

El antes empieza desde el momento que se presentan las listas de candidatos hasta el día de la votación, el ciudadano debe trabajar con detenimiento en examinar y elegir sus candidatos, uno por uno. La forma sería elegirlos en una plataforma que tenga todos sus datos públicos resumidos: sus currículos, trayectorias, proyectos, *tweets*, artículos periodísticos, para que el usuario haga su análisis y los pueda seleccionar, a fin de que la aplicación genere un código de barras que se pueda escanear el día de la votación en la escuela que le toque.

El durante corresponde al ejercicio de la votación en las escuelas. Debe haber un sistema digital de votación de boleta única electrónica, donde las personas puedan escanear su código de barras o también puedan elegir uno a uno sus diputados y senadores entre todas las listas del partido político que sean. Como resultado, se imprime una lista en papel ecológico con los elegidos, donde a través de un *chip* o código de barras se envía el resultado electrónicamente al centro de cómputos. En paralelo, se hace llegar el papel impreso vía correo tradicional para el recuento manual, donde habría una reconciliación entre voto electrónico y el papel que garantiza la trazabilidad y la transparencia del proceso.

Finalmente en el después, que sería desde que asumen el cargo público hasta que lo terminan, en la misma aplicación tiene que haber todo tipo de reportes que muestren, por diputado y senador elegido, todos los proyectos presentados, proyectos que votaron a favor y en contra, los que se abstuvieron, sus días presentes, ausentes, videos con exposiciones y todo tipo de informaciones que ayuden a clasificar y puntuar a los mismos, creando una especie de rankings, obviamente no vinculantes pero que ayuden a segmentar los buenos de los malos. Como decía Darwin: "la naturaleza está escrita en números, entonces pongámoselos".

Un caso histórico que me viene a la mente y trascendental para la humanidad donde la tecnología cambió el paradigma fue cuando se demolió la teoría poblacional de Thomas Malthus.[43] en 1798, quien sostenía que las personas se reproducían y demandaban más rápido

---

⁴³ Thomas Malthus. Gran Bretaña 1776-1834. Clérigo anglicano de gran influencia en la Economía Política y Densidad.

alimentos de los que se podían producir en ese entonces. Por ende, el mundo sufriría una enorme hambruna en pocos años o habría que reducir la población mundial.

Lo cual se resumía en un escenario de guerras y colapso global. Sin embargo, la llamada Revolución Industrial o del Agro con su componente tecnológico, máquinas sembradoras, nuevas formas de siembra, automatizaciones del proceso, agroquímicos y todo tipo de mejoras, permitió multiplicar la producción de alimentos en el mundo para que pueda satisfacer a ritmo suficiente la demanda de la población y evitar todo tipo de conflictos.

La tecnología ha revolucionado todas las industrias, pasando por el comercio y el sistema bancario. Otro caso igual de riesgoso fue cuando comenzó el proceso de reemplazar la sucursal bancaria por el *home banking*. Había enormes desafíos de seguridad, se decía que iban a *hackear* a todo el mundo e iban a vaciar las cuentas. Donde hay un buen negocio, aparecen las ideas: hoy se usa un *token* para contraseña, hay seguros y otras soluciones. La mayoría del mundo usa y confía en los servicios de la banca *online* y la sucursal bancaria está en vías de extinción.

Al respecto, según la encuesta Statista[44] de 2016, hay tres mil quinientos millones de usuarios de *smartphones*, casi la mitad de los habitantes del mundo. Obviamente, eso varía por país y respectivo nivel de desarrollo. Por ejemplo, en USA según Pew Research Center[45], el noventa y seis por ciento de la población tiene un teléfono inteligente a disposición.

Con esta situación, tenemos la oportunidad de hacerlo realidad, trabajando de manera organizada, ardua y global (como se hizo con las vacunas del COVID-19) hacia un nuevo sistema, aplicación o método

---

[44] Portal de estadística para datos del mercado.
[45] Centro de Investigaciones que brinda información sobre problemáticas, actitudes y tendencias que caracterizan a los Estados Unidos y el mundo.

tecnológico que permita la participación de las personas interesadas en cada asunto de Estado. Las aplicaciones democráticas públicas, sin duda, deberían ser gratuitas, universales, mantenidas por los Estados, como una de sus funciones esenciales y controladas por representantes técnicos con sus debidos contrapesos de diversos partidos políticos y ONG. La idea es que, mediante la tecnología, los grupos sociales interesados en determinados aspectos o leyes puedan ejercer su voto como un cuarto poder para acompañar las leyes claves del legislativo, comenzando por el presupuesto nacional y sus prioridades.

> *El verdadero creador es la necesidad, que es la madre de nuestra invención.*
>
> PLATÓN

Cuando entendamos la tragedia del populismo, aparecerán las soluciones, lo malo es tener que tocar fondo para entenderlo.

II. 6. Conclusión

La democracia nació con éxito hace más de dos mil años, pero la realidad es que hasta el momento prácticamente no se ha actualizado. Esto la convierte en un sistema frágil que se adapta a la medida para los manipuladores populistas.

En ese sentido, los populistas aprovechan que la democracia es un sistema donde se premia al más popular, sin importar si es el mejor o el más preparado, porque a la gente no le interesan las propuestas ni escuchar los problemas reales. Vota al más encantador, al que le llega al corazón, a sus emociones con sus eslóganes estudiados y guionados por las consultoras políticas. Saben que, cuando en una sociedad predomina la educación tradicional, con tendencia a creer sin dudar, más lejana al método científico y más cercana al método religioso, penetra con mayor facilidad el discurso emocional.

Por otro lado, también queda claro que existe un sector importante de la sociedad que percibe este problema y ya no acepta la representación política tradicional. En el Estado, como en cualquier familia, empresa u organización, se deben tomar decisiones a diario y hay una masa popular que realmente está interesada e informada en todos, muchos o algunos asuntos de su país.

Las manifestaciones ocurridas en 2019 en varios países (Chile, Ecuador, Francia) ocurrieron, entre otros factores, porque esa gente quería participar activamente y exigía ser escuchada. Los problemas requieren solución o tratamiento inmediato, pues en la actualidad todo el mundo conoce sus derechos y se organiza mejor gracias a internet para exigirlos. No hay lugar para un Estado lento, bobo y desorganizado.

Esta participación ciudadana se debe hacer a través de la tecnología con el diseño de una plataforma global de participación política "gamificada" donde se puedan proponer y votar las leyes del congreso de cada país, en lo posible gestionada por la ONU.

Si el ser humano llegó a la luna en 1969, para estar en contexto, el disquete aparece en 1972 con capacidad de 1.44mb, si hoy se produce una vacuna para el COVID-19 en menos de un año, que por protocolos demora diez a quince años, de igual manera con la tecnología existente se puede diseñar una aplicación de participación política ciudadana.

Indudablemente, para que esto ocurra, la exigencia tendrá que venir de la gente común a modo de revolución para imponer el tema en la agenda de la casta. Tenemos que presionar y fuerte.

CAPÍTULO III

Manipulo, luego existo

La diferencia entre un populista y un estadista es que el primero piensa solo en las próximas elecciones, y el segundo en las próximas generaciones.

WINSTON CHURCHILL

III. 1. Manipular versus influenciar

1.1. ¿Qué es la manipulación emocional?

La psicóloga española Gema Sánchez Cuevas define de manera puntual, detallada y categórica el concepto de manipulación:

> Manipular es saber qué decir y cómo decirlo para favorecer y cumplir los intereses propios. Desde una perspectiva psicológica, la manipulación emocional es todo un arte que conlleva no solo ocultar malas intenciones o comportamientos agresivos, sino también la habilidad de identificar las vulnerabilidades emocionales del otro, para luego poner en marcha las mejores estrategias con el fin de manejarlo. De manera que el manipulador

juega con las emociones de su víctima con el único objetivo de salirse con la suya y de que se cumplan sus deseos, estableciendo una relación de poder encubierta, siendo en muchos casos un acto claro de violencia psicológica. Así, el resultado final es conseguir que el otro no confíe en lo que piensa, hace o siente, deteriorando su imagen de competencia emocional e intelectual.

La autora explicita la capacidad que tiene el manipulador de saber qué, cuándo y cómo decirlo en pos de obtener lo que quiere a través de leer, indagar e interpretar nítidamente las vulnerabilidades del otro. Cualquier similitud con un político populista es mera coincidencia.

1.2. ¿Qué es influenciar?

Según la Real Academia Española, influenciar es la posibilidad que tiene un individuo o un grupo de personas de alterar o condicionar el comportamiento ajeno a través de diferentes técnicas para lograr cierto tipo de objetivo. Los líderes de cualquier organización, sea lucrativa o no lucrativa, gubernamental o no gubernamental, buscan influir en los comportamientos de sus miembros para lograr los objetivos comunes de la organización que integran; es decir, ponderando el bien grupal por sobre el individual.

1.3. Diferencias entre manipular e influenciar

La diferencia entre influenciar y manipular, a priori, parece muy sutil. Sin embargo, la influencia se usa para lograr un objetivo de interés compartido con los demás, a través de la cual el líder busca incidir sobre sus miembros o las masas, para que el objetivo común sea el mejor posible para todos, en sentido grupal y solidario.

Al contrario, la manipulación tiene un fin egoísta, sobre el interés particular de un individuo o de un determinado grupo. El manipulador analiza los puntos débiles de los otros (miedos, baja autoestima, ansiedad, deseos, broncas, revanchas) y actúa en consecuencia alterando sus emociones. De este modo, logra que los demás hagan lo que él necesita a los efectos de obtener su colaboración para alcanzar sus objetivos individuales. Son conceptos análogos, pero contrapuestos a la vez y lo que marca la gran diferencia es la ética.

Podemos decir que la manipulación es de carácter maquiavélico bajo el lema: "el fin justifica los medios". Por ejemplo, los políticos de derecha cuando dicen: "El crimen se resuelve encerrando a todos los criminales en la cárcel", o los políticos seudoprogresistas al expresar: "El criminal es una víctima de la sociedad, debe estar libre". En ambos casos apelan a las emociones con propuestas simples para problemas complejos. De esta forma, engañan para obtener votos, pues saben que hay un sector que pide *mano dura* y otro que pide *mano blanda*. Los populistas entienden qué es lo que necesitas y te dan la solución: sin plan, ni estudio, ni presupuesto, sin medirse y a puro caradurismo.

Por el contrario, la influencia está asociada al concepto de bien común, del individuo o grupo sobre el que se ejerce. Para dar un ejemplo concreto, recuerdo la película *Karate Kid*, donde el señor Miyagi le indica a Daniel cómo limpiar los autos de su casa, puliendo y encerando de una forma peculiar. Al hacerlo, el alumno piensa que su maestro le está haciendo perder el tiempo, cuando en realidad se trata de ejercicios similares a los de Karate. De esta manera, el maestro usa esta técnica para ayudar al alumno a entrenar mejor.

Todo en la vida es una transacción, *quid pro quo*.[46] y cuando hay una transacción libre, dos personas aceptan las condiciones y la

---

[46] Latín, algo por algo.

responsabilidad consiguiente. Es decir, saben qué es lo mejor que pueden conseguir dadas las circunstancias. De modo que el influenciado también estará sacando algo a cambio, pero el objetivo principal del influenciador siempre será el bien y a cambio puede recibir reconocimiento, dinero o simplemente placer. Como en la película *Cadena de favores*: un acto de bien puede causar una reacción en cadena y producir cambios positivos importantes en la sociedad. Cuando un buen líder influencia a una persona desmotivada para que trabaje o realice un emprendimiento, esta puede generar un negocio que saque a su familia de la pobreza y producir un cambio positivo en todas esas vidas.

En conclusión, la diferencia entre influenciar y manipular es monumental y tiene un impacto social exponencialmente opuesto. Necesitamos más influenciadores en la sociedad que ayuden a todos los que no tuvieron la chance de conocer buenos influenciadores en su vida. Todos tendríamos que pensar ahora mismo unos minutos y ver a quién le podemos dar esa mano y ser solidarios.

1.4. Naturalizando la manipulación

Seamos sinceros también: todos podemos ser en algunas ocasiones manipuladores o buscar un "egoísmo racional" definido así por Ayn Rand.[47] que afirma que la búsqueda del interés propio es siempre racional. Es decir, todos perseguimos algún beneficio personal que se antepone a los deseos de otros y actuamos, en consecuencia, de manera egoísta. Yo no conozco a nadie que orine agua bendita. En uno de sus libros dice sabiamente Bukowski:

Todos ustedes son tan buenos, todos son tan geniales, todos son tan justos y, sin embargo, el mundo sigue lleno de mierda.

---

[47] Ayn Rand, seudónimo de Alisa Zinóvievna Rosenbaum, fue una filósofa y escritora rusa de origen judío que obtuvo la nacionalidad estadounidense. Autora de las novelas El manantial y La rebelión de Atlas, desarrolló un sistema filosófico conocido como «objetivismo»

Resulta muy fácil ser bondadoso, cálido, hacer favores, sonreír, ser solidario, altruista cuando todo nos va bien, cuando nuestras necesidades básicas están cubiertas y no padecemos grandes problemas ni preocupaciones. El desafío aparece cuando nos va mal o somos demasiados ambiciosos, cuando no se tienen las necesidades primarias cubiertas, cuando hay hambre, broncas, injusticias o expectativas de vida demasiado altas que nos frustran.

Entonces, nos empezamos a preguntar si debemos seguir respetando los valores de la sociedad. ¿Acaso el padecer tantos sinsabores nos da derecho a ser injustos con los demás y pasarlos por arriba? Si nací pobre, ¿tengo derecho a robar? ¿Tener hambre me da derecho a sacarle a los ricos lo que les sobra? ¿Querer ser más rico que otro me da derecho a ser un *ladrón de guante blanco*? Allí es cuando, en el equilibrio que todos hacemos entre ángeles y demonios, la ambición supera nuestros valores y predomina la parte maquiavélica para convertirnos en manipuladores, capaces de usar a los otros como medios para alcanzar nuestros objetivos y de causar cualquier daño para cumplirlos. Podríamos deducir que, a mayor frustración de expectativas y mayores necesidades, mayor predominio de nuestro yo maquiavélico en contraposición a nuestro yo kantiano, de valores sociales, de convivencia y solidaridad.

Hay que resaltar que en una sociedad altamente competitiva donde se clasifica en ganadores y perdedores habrá más personas dispuestas a manipular para llegar a ser percibidos como ganadores. La cuestión clave es que el manipulador primero piensa en el beneficio personal y luego en el grupal. Si le preguntamos a un político en privado qué quiere ser o hacer, responderá: "presidente", pero si le preguntan en público dirá: "Quiero acabar la pobreza". Por supuesto, en privado te dirán su verdad y, en público, lo que la gente quiere escuchar. Los políticos, en general, son manipuladores y priorizan su apetito personal de alcanzar el poder por encima del objetivo grupal de acabar con la pobreza.

Por el contrario, cuando escuchemos "quiero acabar la pobreza" en privado y "presidente" en público, estaremos frente a un influenciador que buscará potenciar a la sociedad para que acabe con la pobreza y el medio será él como presidente, nunca el objetivo. Los sujetos que persiguen el bien común detestan el abuso de poder y todo lo que eso conlleva. Lo sufren en carne propia, pero lo ven como herramienta necesaria para conseguir el cambio que procuran. En cambio, los manipuladores disfrutan el poder, abusan de él, pareciera que quieren llegar para cometer esos excesos.

Dicho esto, y considerando la debilidad del hombre, lo importante es no llegar a esa situación de necesidad y desesperación extrema, de grandes ambiciones o frustraciones en las que predomina nuestro instinto maquiavélico por sobre el bien común. Una forma de no caer en esta locura es practicar la *ataraxia*.[48] de Epicuro.[49]. Este filósofo del hedonismo afirmaba que a la felicidad se llega mediante la ausencia de perturbaciones. Por ende, llevando una vida sencilla, equilibrada, sin codicias, ni envidias, disfrutando los placeres que la naturaleza nos ofrece, satisfaciendo las necesidades naturales, las personas no deberían caer ni en frustración ni en ambición desmedida con objeto de no hacer predominar el yo egoísta y manipulador de nuestra psiquis.

---

[48] El concepto de ataraxia se usa en la filosofía para referirse al ánimo sereno y calmo. Diversas corrientes filosóficas defienden la *ataraxia* como la disposición anímica que lleva a la persona a alejarse de las perturbaciones para alcanzar la felicidad.

[49] Epicuro, gran filósofo griego helenístico, autor de la filosofía ética del placer simple, la amistad y el retiro. Fue el fundador de las escuelas de filosofía que sobrevivieron directamente desde el siglo IV a.C. hasta el siglo IV d.C.

III. 2. Características del manipulador populista

2.1. ¿Cómo es un manipulador individual?

Es importante, siempre, ir de menor a mayor y analizar por separado cuáles son las principales características de los manipuladores individuales con quienes todos hemos lidiado en algún momento de nuestras vidas, para luego poder verlo con más claridad cuando se replica a nivel grupal y social mediante populistas. Me gustó mucho el trabajo del licenciado en Psicología y destacado autor, Marc Rodríguez Castro:

Están especializados en detectar las debilidades ajenas:

> Absolutamente todos tenemos debilidades, y son el instrumento que utilizan para herirte, puesto que, si titubeas en lo que crees, hay algo que te produce vergüenza y deseas ocultar, la persona manipuladora tratará de averiguarlo y, si se da la ocasión, podrá usarlo en tu contra.

No se detendrán hasta conseguir lo que desean:

> Muestran pocos reparos a la hora de pisar a quien sea, para ellos el fin justifica los medios. Cuando van a actuar no les tiembla el pulso para hacer lo necesario con el propósito de alcanzar sus objetivos, con todo ello sus conductas suelen pasar desapercibidas ya que son buenos actores.

Son insaciables:

> La manipulación les hace sentir poderosos y, como
> suele ocurrir con el poder, siempre desean más. Sus
> principios morales están algo dañados, al ser conscien-
> tes que por sí mismos son incapaces de alcanzar un ob-
> jetivo, pero que su capacidad manipuladora puede
> proporcionarles llegar a su meta haciendo uso de los
> méritos ajenos, a espaldas de los demás. Les colma la
> ambición, unas ansias que al igual que la droga les pro-
> duce una especie de adicción.

Necesitan el control:

> El manipulador suele padecer el conocido como com-
> plejo de superioridad; suelen ser personas con rasgos
> cercanos al egocentrismo y al narcisismo. Les gusta su-
> perarse a sí mismas y superar el nivel alcanzado ante-
> riormente, en busca de retos cada vez mayores.

2.2. ¿Qué es un manipulador populista?

El manipulador populista es el villano protagonista de este libro, que incansablemente menciono, indago y trato de exponer. Ese capaz de manipular a países enteros con el mero objetivo de lograr sus fines o los de su espacio político. Ese enemigo brillante y por momentos invisible que todos debemos combatir.

2.3. ¿Qué no es un populista?

Si buscamos en el diccionario, enciclopedias o Google, no vamos a encontrar un antónimo de populismo; realmente es difícil de definir, delimitar e identificar con claridad, lo cual hace que me aventure con dos de las siguientes características:

El primer rasgo que distingue a un no populista es el de ser una persona que admite que todos los problemas de un país son complejos de resolver. Con una ética elevada, está dispuesto a decir la verdad siempre, aunque pierda adeptos. Un no populista te dirá la verdad por sobre todas las cosas, lo que sabe y lo que no sabe. Resulta una especie de seguidor de la doctrina de Immanuel Kant en su brillante concepto de imperativo categórico: "Un deber perfecto es cierto siempre"; nunca debemos mentir.

Por ejemplo: ante un caso de gravedad, alguna gente elegiría saber la verdad, aunque resulte dolorosa para tomar la mejor decisión al respecto. Otras personas seguramente si son frágiles preferirán una verdad a medias o una mentira que duela menos o puedan manejar. En la mayoría de los casos, por cierto, nos gusta conocer la mayor aproximación a la verdad, salvo en los casos de "deber imperfecto" como lo definía Kant que permite flexibilidad a la hora de los valores. De ese modo, si hay un choque de intereses, debe siempre optarse por el deber perfecto. Podemos deducir entonces que, según Kant, un no populista tomará a la verdad como un deber perfecto por encima de otros valores mientras que un populista la tomará como un deber imperfecto y dará flexibilidad a la verdad para justificar algún otro fin, el cual, para él será primordial.

En los valores, al igual que en los impuestos a la renta, el criterio que los define es la habitualidad. Es decir, uno paga impuestos anualmente si ejerce determinado negocio reiteradas veces, si lo hace de manera esporádica no califica. Creo que lo mismo ocurre con las mentiras, alguien que miente reiteradamente y de manera crónica, es un manipulador, alguien que miente esporádicamente es un ciudadano común.

Obviando como siempre casos extremos, la verdad debe prevalecer y el emisor necesita hacer un esfuerzo de preparación, ejecución y contención cuando la comunica. Los populistas ocultan o frivolizan los problemas para ganar popularidad, los van pateando a futuro y luego les explotan por los aires, a ellos o calculadamente a sus sucesores. Asimismo, un no populista apenas vislumbra un problema decide afrontarlo con honestidad, seriedad y profundidad para evitar, precisamente, que este estalle más adelante. La dificultad más grande para el no populista es cuando le toca advertir a la sociedad de un problema complejo futuro, donde se debe pagar el precio en el presente para prevenirlo.

Entre otros casos, un grave y complejo problema actual en consenso con la mayoría de la comunidad científica es la deforestación de bosques y selvas. A nadie le gusta escuchar que se están dañando seriamente los equilibrios naturales del planeta porque, además, poco se puede hacer desde el lugar del individuo frente a tamaña situación. Aún con los países actuando en conjunto es muy difícil reducir el impacto.

Las personas deciden obviar las verdades que muestra, por ejemplo, la película *Una verdad inconveniente* de Al Gore. Prefieren escuchar a políticos populistas con mensajes simplificados que tranquilizan al mundo aseverando que todo es un invento y que todo va a salir bien. Aunque el argumento sea de mínimo rigor científico, sirve como calmante ante un lento, casi imperceptible camino a la extinción del ser humano. Se asemeja a la fábula de la Rana y el agua hirviendo. Si metes una rana en agua hirviendo, la rana saltará fuera del recipiente. Sin embargo, si la metes en la olla con agua fría y subes la temperatura poco a poco, la rana no se dará cuenta y será cocinada. El no populista te dirá, "Salí inmediatamente del agua calentita y de la olla" y el populista te convencerá que "no pasa nada, quédate en la olla, son los oligarcas que no te dejan disfrutar de un baño caliente".

2.4. ¿Quiénes pueden mentir?

No es para cualquiera mentir (yo soy pésimo). Se requiere una flexibilidad moral cuestionable, enorme habilidad y mucha práctica para inventar un cuento creíble, evaluar las reacciones del interlocutor, adaptar el relato si es necesario, reprimir la verdad y mantener la cara de póker. Muchas veces hasta convencerse de que esa mentira es real ayuda con el proceso. Como en todo, para ser bueno en algo, es cuestión de cuánto tiempo le dedicas.

Todos nos hemos enfrentado a un mentiroso inteligente con buena memoria, excelente manejo de culpa y con capacidad de ocultar información hasta hacerte creer lo que se le antoje. Muchos mentirosos son extremadamente ambiciosos y capaces de violar todo tipo de ética social para llegar a sus objetivos, pues en algunos casos la recompensa es muy grande. A continuación, un fragmento de la serie *Merlí* sobre el éxito de los mentirosos:

> ¿Cómo llegaron los ricos y los poderosos a estar dónde están? ¿Son más inteligentes? ¿Más lindos? No, nada de eso. Maquiavelo diría simplemente que son más malvados. Si quieres tener éxito en la vida, pues pisa a los demás. Conseguirás el éxito de manera poco honrosa, pero no pasa nada mientras llegues adonde quieres.

2.5. ¿Por qué se elige mentir?

Si dejáramos de necesitar convencer a los otros diríamos menos mentiras; si nos importara menos influir en los demás, diríamos más la verdad. Las personas que ambicionan solo sus propios objetivos, que se creen por encima del resto, son los que mayoritariamente usan las mentiras como instrumento. Sostenía Maquiavelo que son malvados, porque asumen que sus objetivos y deseos son prioridades. Dicho de otra manera, si sos una persona con objetivos sensatos en la vida, que apunta a la convergencia de los objetivos grupales con los individuales, seguramente no necesitarás mentir o ser malvado para lograrlos.

III. 3. Cómo te manipulan. Principales artilugios

Generan altas expectativas

El futuro es, por definición, inexistente e incierto, por ende, genera miedos. Ese miedo impacta en mayor medida en los sectores que están más expuestos a que se concreten esos miedos, es decir, los que tienen menos herramientas para afrontarlos. Por tanto, una clase media o alta seguramente tenga algunas reservas económicas, planeamiento financiero y/o formación académica que le permitirán afrontar las posibles crisis. A contracara, las clases bajas suelen vivir al día y tienen menos formación académica. Además, por necesidad contraen deudas a tasas usureras para pagar gastos corrientes, tarjetas de créditos, préstamos personales, lo que hace que se encuentren todavía más expuestas ante posibles circunstancias desfavorables.

A tal efecto, como buen tiburón, el populista olfatea la incertidumbre y, por consiguiente, ofrece un discurso de certidumbre prometiendo soluciones desde planes sociales, subsidios y todo tipo de cosas gratuitas desde el estado. Dicho sea de paso, uno de los fetiches preferidos del populismo es usar la palabra "gratis". "Gratis" es de las palabras más seductoras del vocabulario mundial, junto con "sexo" y además la quinta palabra más buscada en Google en español en 2020, con 20 millones de búsquedas mensuales. Decía con claridad en ese entonces Frederic Bastiat.[50], uno de los más claros expositores de la doctrina liberal en el siglo XIX:

> A decir verdad, los vocablos gratuitos o gratuitamente, referidos a los servicios públicos, encierran el más burdo y el más pueril de los sofismas. Me sorprende la extrema inocencia del público que se deja engañar por estos vocablos. ¿Acaso no desea usted, me preguntan, instrucción gratuita? Por supuesto que la deseo. Y desearía también alimentación gratuita y vivienda gratuita, si ello fuera posible. Pero solo pueden ser verdaderamente gratuitas las cosas por las cuales nadie ha de pagar, y he allí que todos pagamos por los servicios públicos.

Ahora bien, el problema real de dar certidumbres son las expectativas que se generan en la psiquis de las personas versus las posibilidades reales de cumplirlas. Al igual que en la naturaleza, todo se rige por la matemática y toda organización está regida por un presupuesto que busca conciliar expectativas con posibilidades.

Este concepto lo termina de sacar a la luz Luca Pacioli a fines del siglo XV en Venecia, donde formula la ley de partida doble, principio básico de contabilidad moderna. La partida doble se basa en que todo hecho económico tiene origen en otro hecho de igual valor, pero de naturaleza contraria.

---

[50] Claude Frédéric Bastiat fue un economista, escritor y legislador francés al que se considera uno de los mejores divulgadores del liberalismo de la historia. Fue parte de la Escuela Liberal Francesa. Conocido también como El Cobden francés, fue un entusiasta del libre comercio y del pacifismo.

Por ejemplo, cuando se presta dinero: el que recibe dinero prestado debe y el que lo presta tiene un derecho a su favor. En ese sentido, cuando un populista asegura que proveerá canales de televisión gratuita, tenemos que preguntarnos: ¿cuál es su contrapartida? Si se destina dinero del presupuesto, seguramente se lo sacará a otra área, como infraestructura, ciencia o educación. A su vez, como estas decisiones se toman en el parlamento donde las provincias más pequeñas y débiles tienen menor representatividad, seguramente a ellas les quitarán los fondos. En otras palabras, cuando un populista dice que va a dar algo gratis, la contrapartida es que lo financiará quitándoles a quienes se los pueda quitar, que en general son los más indefensos, por ende, terminan haciendo lo opuesto al progresismo que pregonan.

En ese sentido, otra de las altas expectativas y grandes batallas que el populismo ha ganado dentro de la guerra cultural fue lograr que la palabra "ajuste" se convierta en un tabú. Dejando en la mentalidad de las personas que ellos nunca van a hacer ajustes económicos, sino que siempre van a tener una economía creciente. Por eso, cuando no les queda otra alternativa que hacerlo, utilizan algún mecanismo para enmascararlo. Básicamente emiten dinero vía banco central, buscando generar un ajuste imperceptible en el corto plazo y a fuego lento, como el cuento de la rana dicho anteriormente. Lo cual impacta en el mediano plazo inevitablemente por la ley de partida doble. De esta manera, termina generando devaluación de la moneda e inflación, también llamada el impuesto a los pobres, pues es a ellos a quienes más afecta, dado que muchos tienen trabajos informales donde sus salarios no se ajustan por esa variable, así pues, se ven licuados rápidamente, se empobrecen y continúan siendo dependientes del estado.

No creo en las casualidades sobre todo cuando son recurrentes. Todo pareciera indicar que el populismo busca crear las crisis como forma de eternizarse en el poder. Los de derecha muchas veces generan guerras, de manera exterior con otros países, o interior contra bandas violentas o de crimen organizado para que la gente perciba que el país necesita mano dura y los siga votando. Por el otro lado, el populismo de izquierda genera esa dependencia, pero con el estado asistencialista. Para contener la crisis que ellos mismos produjeron, crean una enorme red de planes sociales, de subsidios y una masa laboral compuesta por empleados públicos, quienes saben que sus privilegios se acaban si el populista se va. De esta manera mantienen un núcleo fuertísimo de subordinación para mantenerse en el poder.

El problema llega el día que, a pesar de todo este poder descripto, pierden las elecciones y llega alguien no populista que debe lidiar con una sociedad enferma de populismo, con la cultura de los eternos subsidios, de lo gratuito, de no afrontar los problemas y patearlos al futuro, de las soluciones fáciles para todo. Cualquier persona de centro, medianamente sensata, entiende que hay que armar un presupuesto equilibrado, que cuadre las posibilidades económicas con las expectativas de la gente y deberá hacerles entender a los ciudadanos que vivir a costas del Estado no es un derecho.

Sin presupuesto o recursos que lo financien, promover esos nuevos "derechos adquiridos" debería ser un delito por todos los males que pueden causar. No hay manera feliz de decirle a millones de personas que los malos son los que los engañaron con falsas expectativas y no quienes buscan solucionar los problemas.

A tal efecto, otra variable que empeora exponencialmente el asunto son las redes sociales donde hoy la gente puede organizarse en minutos y hacer marchas de miles hasta millones de personas por días sin parar hasta, incluso, destituir gobiernos, por el hecho de creer que merecen determinadas cosas o derechos, sobre la base de expectativas que alguien les inculcó en su mente. Hemos visto la peligrosidad de este fenómeno en Chile, Ecuador y Francia

Sin dudas, es un tema difícil de lidiar para quien fue inculcado bajo esas expectativas, pero la realidad es que, si fuera tan sencillo, los gobiernos repartirían dinero en helicópteros a toda la población para que puedan comprar lo que cada ciudadano cree que se merece. Mañana, si algún genio populista convence a la población de que el fútbol por televisión es un derecho público, es muy posible que hordas salgan a la calle a pedir y romper todo hasta que se lo den y pobre del político que quiera explicar que la televisación del fútbol es un servicio privado y que debe ser sostenido por quien lo consume.

Por si fuera poco, si es que algún día se llegan a ir del poder, quedará en la memoria de la gente el relato anclado que el bueno era el líder popular que otorgaba más derechos al pueblo, mientras que quien busca equilibrar el presupuesto en busca de evitar mayores problemas en el futuro resulta el malo. Hoy todavía escucho mucha gente decir que: "con tal teníamos futbol gratis", "con tal no pagábamos la luz", "con tal teníamos aerolíneas de bandera".

Esta es la trampa populista, como decía el gran cantante argentino de tango "Cacho" Castaña, son unos traficantes de ilusiones.

Soluciones simples para problemas complejos

El principio KISS: *Keep it simple, stupid*, o mantenlo simple, estúpido. Esta artimaña se basa en crear un relato en términos llanos como para que todos lo entiendan, porque si todos lo entienden el mensaje llega al 100% de la población. En su caso opuesto cuando habla un catedrático, un científico o un economista en términos técnicos, el mensaje llega a una minoritaria parte de la sociedad.

Los estudiosos de la persuasión han encontrado que a la gente le gusta usar atajos cognitivos, es decir, ideas que ahorran tiempo y esfuerzo para entender temas complejos. Por ejemplo: "Estados Unidos necesita construir un muro contra inmigrantes indocumentados para recuperar su grandeza económica" es un claro ejemplo de los entimemas.[51] usados efectivamente por populistas de derecha. En el ala contraria otro típico es: "la oligarquía es el principal problema del país" que suele ser utilizada por los populistas de izquierda, porque saben que hay cierto resentimiento de clase y dado que los ricos son un porcentaje menor de la población se aseguran de tener a la mayoría de su lado odiando a la minoría.

Son políticos antipolítica

Cualquier persona que busca el poder es, por definición, un político que hace política tanto en el ambiente público como privado. Muchos populistas se presentan en el discurso como personajes completamente ajenos a la política y a lo que esta representa en el imaginario colectivo: corrupción, ineficiencia, burocracia, abuso. Sin embargo, ellos están haciendo política, cuando dicen que son "antipolítica" y buscan el mismo objetivo de poder. Este concepto es otro entimema del populismo, a través del cual se capitaliza el resentimiento de la población contra las burocracias políticas. Un claro ejemplo fue en 2018 en Brasil cuando explota por los aires el famoso caso de corrupción "Lava Jato" que implicaba a la constructora Odebrecht.[52] y exponía todo un sistema

---

[51] En Lógica, entimema es el nombre que recibe un silogismo en el que se ha suprimido alguna de las premisas o la conclusión, por considerarse obvias o implícitas en el enunciado. Al entimema se le conoce también como silogismo truncado.

[52] El Caso Odebrecht es una investigación del Departamento de Justicia de los Estados Unidos, junto con otros 10 países más de América Latina sobre la constructora brasileña Odebrecht, en la que se detalla que la misma habría realizado coimas de dinero y sobornos a presidentes, expresidentes y funcionarios del gobierno de doce países: Angola, Argentina, Brasil, Colombia,

millonario de coimas entre políticos y empresarios. En consecuencia, la sociedad asqueada se manifestó por un político antisistema en las elecciones de ese año.

Por otro lado, la política o a la antipolítica, son dos caras de la misma moneda, lo que los separa es el factor tiempo. Los que están hace años en política son la burocracia de hoy, y los antipolítica, una vez que entran al gobierno, pasan los años y se reeligen, hacen sus negociados, y por naturaleza del factor tiempo, dejan de ser antipolítica y se convierten burocracia política, esa que criticaron para entrar. Son ciclos y juegos de palabras.

Por eso, lo que realmente separa al populismo del no populismo en este aspecto no es el marketing de política o antipolítica, sino realmente el factor tiempo, la periodicidad de los cargos, y saber que la política debe ser por un periodo máximo a una reelección, luego se debe retirar de la misma, de esta manera se rompe el ciclo y la falsa dicotomía política-antipolítica.

Polarizan a la sociedad

Una de las principales armas del discurso populista es la polarización social, generar esa famosa *grieta*. Buscan catalogar a los actores sociales en "buenos", los que los apoyan, y en "malos", los enemigos del país. Buscan el mensaje simple, fabricando un enemigo visible y atacable por todos con un discurso fácil. De esta manera, las personas dejan de pensar en los problemas del día a día (inflación, inseguridad, etc.) y se enfocan en criticar a los enemigos que plantea el populismo. Ellos saben que el ciudadano habla de temas políticos en su casa, y si ellos no les

---

Ecuador, Estados Unidos, Guatemala, México, Mozambique, Panamá, Perú, República Dominicana y Venezuela, durante los últimos años, para obtener beneficios en contrataciones públicas.

crean una agenda de temas que les convenga, las personas hablan de los problemas que tienen a la vista y empiezan a limar el gobierno.

Un ejemplo recurrente es cuando el populismo, pésimo gestor de los problemas reales de una sociedad, padece la inflación y crean el relato de que los empresarios suben los precios por codicia. Así esconden el problema real que surge por su propia mala administración: por emisión monetaria, devaluación, congelamientos de precios y otros desmanejos.

Otra técnica muy utilizada es culpar a los medios de comunicación, otro de los clásicos enemigos. Néstor Kirchner en 2010 apuntó a un multimedio: "Todos los argentinos tienen que cumplir la ley, menos Magnetto.[53] y Clarín.[54], los demás tenemos que cumplir la ley como corresponde". De esa manera, colocó en el banquillo de los acusados a un medio de comunicación casi como única explicación a los problemas. Es impresionante la cantidad de gente que adhirió a ese discurso y ante cualquier crítica a su gobierno respondían con el latiguillo "Clarín miente". La polarización termina siendo una técnica eficiente para administrar a la sociedad, pero pésima para gobernar construyendo una mayoría. Se la debe evitar a toda costa.

Apelan a las emociones

Existe una gran cantidad de ejemplos para analizar esta técnica de manipulación. Por eso, me voy a meter en Estados Unidos con políticos de derecha y, al final, con populistas de izquierda de Latinoamérica.

---

[53] Héctor Horacio Magnetto es un influyente empresario argentino que ejerce su poder a través de Clarín, el grupo más fuerte de medios de comunicación de ese país.

[54] Clarín es un periódico argentino editado en la ciudad de Buenos Aires. Fue fundado el 28 de agosto de 1945 por Roberto Noble. La versión digital del periódico *Clarin.com* es el tercer periódico digital en español más consultado del mundo con 8.179.000 de usuarios.

Básicamente, el principal eslogan es: "Hacer a Estados Unidos grandioso otra vez", el cual tiene un enorme trasfondo emotivo para un amplio sector de la sociedad. Toca el orgullo herido del estadounidense que piensa que su país tuvo una época dorada de dominio militar y económico global, pero que ahora es un gigante acobardado y humillado por enemigos como China o Rusia que se les acercan peligrosamente. En otro de sus discursos, expresan indignación sobre cómo las empresas automotrices han desmantelado Detroit para llevarse "nuestras" inversiones, "nuestras" fábricas y "nuestros" empleos a México o China. De esta manera, se toca otro nervio sensible del votante que no ha encontrado soluciones a sus problemas económicos y a otro importante sector nacionalista que no se opone a la globalización.

Por el ala izquierda del populismo en América Latina, se puede dar catedra en discursos emocionales y enardecimiento de las masas populares en los últimos 20 años. De la infinidad de casos disponible, creo que los siguientes son los más vulgares y representativos.

> La crisis financiera mundial fue causada por comportamientos irracionales de gente blanca de ojos azules, que antes parecían saberlo todo y ahora no saben nada.

El expresidente de Brasil Lula da Silva, con ocasión de la visita del primer ministro británico, Gordon Brown en el G20 de 2009, pregonaba ese discurso. Es muy claro el enunciado para sesgar las emociones de irritación del pueblo brasileño, en su gran mayoría de raza negra, según el último censo de 2010. Estoy seguro de que si la mayor parte de la gente fuera blanca de ojos azules en Brasil hubiera dicho esa frase al revés.

> ¡Viva la coca, mueran los yanquis!

El lunes 9 de julio de 2012 el mandatario boliviano apelaba al resentimiento de los pueblos indígenas contra el enemigo imperialista, causal de todos sus males, para de esa manera alinearlos y generar disputas internas.

Mi mejor conclusión es que son brillantes actores, algunos confesos frustrados, y hacen uso de su destreza escénica gesticulando, mostrando enojos, alegrías y llantos, complementados a un discurso quirúrgico que mete el dedo en la llaga y consigue captar y enfilar a la población como soldados obedientes.

Odio: el enemigo exterior

Cuando se trata de señalar chivos expiatorios para los fracasos, el preferido siempre es el poderoso. Se crea una narrativa de estar defendiendo al más indefenso de un complot que existe para evitar el éxito y la felicidad del pueblo. Como caso modelo, los regímenes populistas de Latinoamérica aman culpar a Estados Unidos e Inglaterra de todos sus males. En Argentina, el peronismo impulsó el odio contra Estados Unidos desde la famosa dicotomía "Braden o Perón" y a Inglaterra por tener bajo su dominio a las Islas Malvinas, más aún por haber perdido la Guerra en 1982, cuando el régimen militar argentino decidió asaltar las islas para mantener a la sociedad unida detrás de un conflicto internacional con una potencia y así correr de foco la crisis local.

No creo en brujas, pero que las hay, las hay. De igual manera con las teorías conspirativas. Realmente, son muy difíciles de realizar y que queden impunes o escondidas por mucho tiempo; por la magnitud de la operación, la cantidad de personas involucradas, el manejo de información, las posibles filtraciones, entre otros aspectos. Por ejemplo, sospechar que Estados Unidos nunca llegó a la Luna y que es un engaño con una filmación falsa en Nevada, si bien tiene su lado racional, suena muy intrincado

Lo mismo considero acerca de las conspiraciones de Estados Unidos o del F.M.I (Fondo Monetario Internacional) para generarle un mal a Latinoamérica como muchos repiten como loros hoy día. Jaime Durán Barba, consultor de imagen y destacado asesor político ecuatoriano cuenta una anécdota al respecto: durante su juventud era un revolucionario de izquierda comunista, vivía haciendo manifestaciones en las calles de sus ciudades, convencido que Estados Unidos estaba detrás de todos los problemas de Ecuador y de América Latina.

Más maduro, con estudios y cierta experiencia tuvo la posibilidad de concurrir a diferentes reuniones en el congreso del país del norte, donde se lleva la sorpresa que la mayoría de los representantes y senadores ni siquiera sabían dónde quedaba geográficamente Ecuador y que América Latina era el último tema que atender ante otros cientos de problemáticas urgentes que venían de otras latitudes.

Recuperación territorial

a. Hitler con Polonia

Una de las banderas que el *führer* usó a su favor para alcanzar el poder fue el sentimiento de humillación de la sociedad alemana por el Tratado de Versalles. De esa manera, prometió devolver la grandeza a Alemania, incluyendo la recuperación de los territorios perdidos. En total, Alemania perdió el trece por ciento de su territorio europeo y un doce por ciento de su población. El día 28 de abril de 1939, Hitler dio un discurso en el Parlamento en el que exigió la devolución de Danzig, exterritorio alemán en manos de Polonia. De esa manera, unió a la sociedad bajo esa causa y fue el primer país en ser conquistado, dando inicio a la Segunda Guerra Mundial.

b. Mussolini con colonias en África y Albania

Uno de los pilares de la política de Benito Mussolini fue hacer realidad el concepto de la "Gran Italia" como en la época del Imperio Romano ampliando su territorio hacia los Balcanes en Europa y Etiopía en África. Apelaba a las emociones de nostalgia del pueblo italiano que hacía algunos cientos de años eran el centro del mundo.

Muchos se sintieron conmovidos y creyeron que Mussolini era el indicado para recrear el imperio. El dictador, durante la Segunda Guerra Mundial, intentó ampliar territorio invadiendo Albania y Etiopía y fracasó rotundamente en ambas aventuras terminando, rápidamente, con ese sueño.

c. Islas Malvinas

> *Reivindicando tierras que, aparentemente, fueron de la Argentina en la década del 30 del siglo XIX... Es decir, cuando la Argentina aún no se llamaba Argentina. Cuando aún no estaba unificada como país. Cuando aún no tenía Constitución. Todavía hoy se agita eso cada vez que se quiere hacer cierta propaganda nacional.*
>
> BEATRIZ SARLO

En 1982, bajo la dictadura militar comandada por el general Leopoldo Galtieri por decisión sorpresiva de un grupo reducido de oficiales, Argentina invade las islas Malvinas y Sándwich del Sur. Su objetivo inicial de recuperación se logra con éxito y sin muertes. Esto despierta el sentimiento de revanchismo del pueblo argentino contra el imperialismo inglés, el perfecto enemigo externo.

En ese entonces, la situación económica argentina era deplorable y se enfrentaba una gravísima crisis debido a las medidas tomadas por la junta que gobernaba desde 1976. No suena descabellado que un gobierno militar en aprietos tome una medida cómoda, en idioma castrense, con el objetivo de obtener el acompañamiento de la sociedad completa, que por otra parte no tuvo opción, pues se despertó con las islas invadidas y con el daño producido. No quedaba más alternativa que apoyar.

Lamentablemente, esta medida populista costó la vida de seiscientos cuarenta y nueve argentinos, doscientos cincuenta y cinco británicos y tres isleños.

d. Sobre recuperación territorial nacionalista:

Si el argumento principal es el descubrimiento, es decir, quién llegó primero al territorio en cuestión como método de derecho de propiedad, ninguna de las partes reconocerá el documento ajeno y así no se va a producir nunca un avance. Esto es así debido a que las revisiones históricas son objetables y manipulables. Los países reclaman con documentos endebles de hace cientos de años.

Por ejemplo, en el caso de muchas islas coloniales ante la ONU y con argumentos similares, países como España, Inglaterra y Holanda sostienen su derecho sobre ellas por haberlas avistado en primera instancia, desde las épocas de los piratas y donde siquiera los países estaban claramente definidos. Quién las ocupó y desarrolló se basa en certificados antiguos e historias de navegantes de sus propios países imposibles de probar.

Con ese mismo criterio, por ejemplo, la población argentina descendiente de europeos tendría que volver a Europa y dejar a los aborígenes que habitaban el territorio anteriormente. Todo muy endeble y discutible. Si ponemos en duda los títulos de los diarios de hoy, ¿cómo se podría confiar en la calidad de la información de tantos años atrás? En la actualidad, con la tecnología, la capacidad productiva y nuevos recursos naturales descubiertos, la anexión de unas islas o territorios menores a un país se vuelve irrelevante y relativa. Son meramente una carnada.

Los populistas necesitan manipular a las masas y la clásica recuperación de territorio siempre despierta los sentimientos más profundos de un pueblo como la rabia, la revancha y el resentimiento.

III. 4. Conclusión

El populista te observa, te investiga, entiende qué quieres y te arma un discurso con el que no hace más que captarte jugando con tus emociones, generándote altas expectativas, utilizando retóricas como el método *KISS*, provocando el odio hacia un enemigo, con el objetivo de polarizar a la sociedad en mayoría buena, minoría mala y así poder gobernar con facilidad.

Como se describió en este capítulo, el populista es un profesional de la manipulación y la mentira, un traficante de ilusiones. Sus técnicas son altamente eficientes para un público con educación tradicional, vistos los innumerables casos de éxito a través de la historia. También, existe una relación lineal, de a mayor crisis más populismo, pues ante problemas complicados de resolver donde no hay soluciones probadas por la comunidad científica, aparece el dador de certidumbres, que calma a la sociedad.

Como aprendizaje, es imperativo evitar las crisis profundas, aquellas que nos llevan a esa desesperación de querer creerles. Para empeorar las cosas, hoy en día casi cualquier político tiene las herramientas para ser un excelente populista, ya que, además de los métodos descriptos, están dotados de información precisa, facilitada por consultoras que espían a los ciudadanos.

CAPÍTULO IV
Creyentes

Hay dos formas de ser engañado: una consiste en creer en lo que no es cierto y la otra en negarse a creer lo que es cierto.

SØREN KIERKEGAARD

IV. 1. ¿Por qué creen?

1.1. ¿Qué significa ser Creyente?

Para que haya un mentiroso, hace falta alguien que esté dispuesto a creer. Para que alguien esté dispuesto a creer, debe necesitar creer. Para necesitar creer, debe haber un estado emocional determinado que lo empuje.

Hace pocos años, me tocó ver de cerca el caso de María, el cual me hizo verificar una teoría que tenía deambulando por los pasillos de mis pensamientos desde chico. Ella era divorciada, transitando los cuarenta, desafortunada en el amor, se sentía muy sola, poco deseada, realmente no sabía qué le sucedía, pensaba que nunca más volvería a amar y en el sentido de hacerlo si la volverían a dejar. Ante tanta inseguridad, decide acudir a una tarotista.

Ya en la primera cita, le tiran las cartas asegurando que ella era una mujer muy atractiva, que tan solo no ha tenido suerte, pero que pronto llegará el príncipe azul que la llevará a compartir una historia de amor apasionante. Le asegura que la sonrisa volverá a su vida cotidiana para hacerla la mujer más feliz del mundo por el resto de sus días.

Imaginen por un minuto a alguien con ese nivel de angustia que escucha semejante afirmación, de quien aparentemente ve el futuro y que asegura que ha ayudado a muchas personas a mejorar su vida. Ante tanta seguridad discursiva de la tarotista, ¿alguien cree que María analizará razonablemente las cosas? ¡Por supuesto que no! En ella encontró exactamente lo que fue a buscar: fe y esperanza que no es otra cosa que un placebo emocional, un auto engaño, que en el mejor de los casos podría ser considerado temporalmente saludable hasta salir del shock.

Obviamente, pasaron los años y nada de lo que dijo la vidente se cumplió, pero lo impresionante es que en la mente del creyente sí se han cumplido. La tarotista había prometido una cantidad enorme de cosas genéricas y generales, "encontrarás pareja pronto", "uno de tus hijos te hará abuela", "tu salud y la de tu familia se mantendrán bien por muchos años". Analizándolas, todas son posibilidades lógicas, sin tiempos, sin nombres ni datos concretos lo cual hace que la persona que escucha le asigne según sus propios deseos un valor/nombre/fecha a cada palabra "hijo", "pronto", "amor", culminando con el creyente creyendo que la vidente ha acertado y, en consecuencia, volviéndola a consultar.

Ser creyente significa eso, creer. Nietzsche, decía que "Tener fe significa no querer saber la verdad". Ante la falta de respuestas, se busca refugio en la fe. Además, se puede palpar que es un tema transversal en la sociedad, donde pareciera que los extremos sociales de pobreza y riqueza son los más permeables a los artilugios populistas. No es novedad que los ricos y los pobres tienen muchos problemas, como aseguraba Epicuro hace miles de años.

El segmento de los ricos infelices se convierte en la presa favorita de los brujos, para ofrecerles seguridad, felicidad y finalmente dependencia de esa esperanza. Lo mismo con las personas en estado de pobreza: acuden de manera recurrente a todo tipo de dadores de fe, los cuales son todas variantes de populismo político, religioso o comercial como en el caso de los brujos, políticos y religiosos. Por otro lado, también las clases medias son consumidoras de populismo, en particular cuando entran en pánico con algunos temas y terminan cayendo en las soluciones fáciles.

Un claro ejemplo ocurre cuando empiezan a no llegar a fin de mes con su salario y, en su desesperación, empiezan a querer creer en la trampa de los subsidios a los servicios públicos que brinda el populismo. Pareciera que, ser creyentes es una elección personal inconsciente frente a determinada circunstancia. Si se elimina esa circunstancia, se elimina la necesidad de creer.

1.2 ¿Ignorantes o desesperados?

Difiero con la corriente que piensa que las personas que votan y apoyan al populismo son idiotas o ignorantes, como en la cita de Mencken.

---

[55]. Henry Louis Mencken (1880-1956) fue un periodista, editor y crítico social, conocido como el "sabio de Baltimore". Es considerado uno de los escritores más influyentes de los Estados Unidos de la primera mitad del siglo XX.

Ese lineamiento no explica por qué comunidades científicas, universitarias en algunos casos, apoyan y han apoyado gobiernos autoritarios, populistas e inclusive dictaduras.

En mi opinión, no es la idiotez o la inteligencia, sino un rasgo psicológico ligado al miedo, llamado desesperación. Según la RAE, desesperación es: "la pérdida total de la esperanza", o sea exactamente lo opuesto a la definición de populismo, que es un dador de esperanza. Qué casualidad que los opuestos se atraigan.

Por lo tanto, si esta se pierde, un populista será el encargado de que renazca. Esa desesperación lleva a la gente a creer en soluciones no racionales. Por ejemplo, estoy seguro que, si el más férreo ateo padeciera un cáncer terminal, le rezaría a algún tipo de dios para que lo salve.

"La esperanza es un estimulante vital muy superior a la suerte", sostenía Nietzsche. Esa esperanza de una vida mejor, el pensar que todo puede mejorar de alguna manera que desconocemos es la energía que nos impulsa a levantarnos con ganas y entusiasmo cada día. Pero cuidado, ese estimulante mal recetado puede ser peligroso.

Supongamos que somos boxeadores y estamos en un *ring* peleando contra un campeón mundial. Terminado el primer round tenemos los labios sangrando, la cara cortada, los ojos hinchados y todos nuestros golpes fueron esquivados. Nos están dando una paliza y todavía queda una larga pelea. Tenemos dos caminos a elegir: ¿por cuál optarías?

En la situación A se acerca nuestro entrenador, un motivador que nos dice: "Dale, tú puedes, acuérdate de lo que entrenaste, hazlo por tu familia, tienes energía de sobra, tienes que sacarla y ganar". ¡Todas esas frases nos producirán buena energía emocional para salir a pelearla!

En la situación B un entrenador estadista nos explica que realmente estamos muy complicados, que el otro es superior en todos los aspectos, que los entrenamientos no alcanzaron y que lo más lógico es tirar la toalla, prepararnos para una revancha porque además puede ser peligroso para tu salud.

He aquí lo sentimental versus lo racional. Si apelamos a lo sentimental seguramente saquemos energía escondida y regresemos con la frente en alto a la lucha. El riesgo es que se olvida lo racional y el campeón está mejor preparado. Lo más probable es que nos deje fuera de combate en el hospital por mucho tiempo o nos mate.

En cambio, aplicando la racionalidad, si escuchamos al técnico estadista nuestra energía estará un poco más baja, pero pensando en frío, evitaremos un daño enorme y entrenaremos lo suficiente para la revancha futura en términos más parejos y, tal vez, con posibilidad de ganar.

Esta es la diferencia entre un populista y un estadista: la emoción versus la razón, el corto plazo contra el largo plazo, la improvisación versus la planificación. Como siempre, ninguno de los extremos es la solución, sino una combinación de ambos. Ni un populista emocional ni un estadista únicamente racional: se necesitan ambos condimentos para ser exitoso.

1.3. Relación entre populismo y religión

El populismo da respuestas fáciles y comprensibles a problemas complejos que tranquilizan porque se pueden entender. La religión, al igual que el populismo da respuestas fáciles, comprensibles a problemas complejos que tranquilizan porque se pueden entender.

Uno de los aparentes éxitos del populismo es que logra alinear a las masas bajo ideas y objetivos claros, sin dejar lugar a dudas o reflexiones. Esa abolición de la duda, esa imperturbabilidad es la clave y el hilo conductor entre populismo y religión. Afirmaba con atrevimiento el brillante filósofo danés, Soren Kierkegaard: "El ser humano tiene vértigo de libertad", padece el miedo a poder elegir, a que las acciones que escoja impacten fuerte en su vida y en la de los demás. El motivo que genera ese temor es, como expresaba Epicuro, que hay un azar al que todos estamos expuestos: cualquier cosa puede suceder y eso es muy duro de aceptar, como la posibilidad de la propia muerte en todo momento, en este instante; saberlo es tan duro que nuestro cerebro elige ignorarlo.

Al estar expuestos a este azar las veinticuatro horas, todos los días, podemos destacar tres maneras de afrontar el miedo: dos extremas y una balanceada.

El primer grupo son "los absurdos": se tapan los ojos con una venda o cierran los ojos ante todos los temas de la realidad que los rodean. Ellos simplemente se enfocan en pocos objetivos y agachan la cabeza, ignoran todos los peligros y le dan para adelante como toros en las plazas detrás del rojo.

El segundo grupo son "los creyentes": también se colocan una venda en los ojos, pero lo hacen de manera romántica, este es el grupo religioso, el que se apega a la idea de que, ante cualquier problema, siempre va a haber alguien que lo protegerá. Profesa la fe, descansa en la creencia de dioses, espíritus o fuerzas. De esa manera no se preocupa demasiado por los problemas, no cuestiona, deja fluir bajo la premisa de que Dios proveerá.

El tercer grupo son "los escépticos": quienes valientemente deciden abrir los ojos para estar atentos a los riesgos del azar de la existencia misma. Viven un poco intranquilos, tratando constantemente de minimizar los contratiempos de todo tipo, familiares, emocionales, económicos mediante planes, estudios y razonamientos aplicables para tener una vida lo más prolija posible, con el fin de evitar hundirse en ese temible estado de desesperación.

Confieso pertenecer al tercer grupo. Muchas noches me quedo pensando en el más mínimo problema que todavía no tengo resuelto, personal o laboral. Pero, a veces, también me desvelan cuestiones del existencialismo, como por qué existen la vida y la muerte y, obviamente, no encuentro respuesta. La filosofía me ayuda a llegar a algunas conclusiones.

Este capítulo pretende tratar sobre los creyentes, en principio remarcar que se manifiesta la cobardía al elegir colocarse la venda en los ojos e indagar por qué lo hacen. Exactamente este concepto se trata en otro episodio de *Los Simpson*, donde Homero descubre que tiene un crayón alojado en el cerebro que lo hace tonto. Sin embargo, un día en el hospital los médicos se lo descubren, decide removerlo y, en efecto, se vuelve inteligente. Es ahí cuando empieza a descubrir cosas, se saca la venda de los ojos y comienza a ver la vida con más amplitud y profundidad. Empieza a notar mezquindades en las personas, preguntas esenciales sin respuestas, ve sufrimientos, tristezas, materialismos, falsedades, lo cual comienza a angustiarlo y decide volver a insertarse el crayón en el cerebro. Elige el camino cobarde de colocarse la venda en los ojos, pero consigue su objetivo: se siente feliz y tranquilo al ignorar qué sucede más allá de sí mismo.

Por ende, a más religión, mayor tranquilidad; a más populismo, mayor tranquilidad. Ambos te proveen un elixir de tranquilidad.

1.4 ¿Qué es la tranquilidad?

Según Aristóteles la finalidad de la vida es encontrar la felicidad, *eudaimonia* en griego. Lo cual es tomado como normal hoy en día por occidente, pero la vida también tiene diferentes propósitos según la visión de otras culturas.

Según este pensador, para alcanzar ese estado se debe vivir una vida compuesta por tres componentes: tranquilidad, propósito y prosperidad. Es decir, estar sereno emocionalmente para poder cumplir tus metas profesionales, laborales y, a la vez, la prosperidad económica, sin descuidar el componente de los amigos, familia a los cuales les daba gran valor.

Dicho esto, los estoicos le dieron un lugar tan central a la tranquilidad emocional que basaron toda su doctrina en pos de conseguirla. Para ellos, lograrla pasa por no dejarse afectar por factores fuera de nuestro alcance y mantenerse en un estado positivo. En ese sentido, Marco Aurelio afirmó que:

> Los pensamientos externos no son el problema. Es su evaluación de ellos. La cual puedes borrar en este mismo momento.

En definitiva, la tranquilidad mental es un componente de la *eudaimonia* y conforma una decisión meramente personal tenerla o no. Para alcanzarla, algunos eligen ignorar o negar la realidad y otros, aceptarla, enamorarse de ella tal cual es, sin querer cambiarla, más bien vivirla apasionadamente.

IV. 2. ¿Por qué necesitan creer?

2.1. La perspectiva filosófica

Lo que me sorprende en la aplicación de una educación realmente libertadora es el miedo de la libertad.

PAULO FREIRE

Soren Kierkegaard señala que el hombre es inevitablemente libre por naturaleza. Al nacer desnudo en un bosque luego de dejar la teta de su madre se convierte en un animal que camina, come, defeca, corre y juega libremente. El danés agrega que vivimos en un mundo en el que no hay un destino claro y esto es lo que nos lleva a la angustia.

La libertad de decisión nos agobia, nos inquieta no saber qué ocurrirá si elegimos un camino, como tampoco lo sabemos si elegimos otro. Nos causan miedo las consecuencias de nuestras elecciones, entonces necesitamos a cualquier tipo de líder que nos diga qué hacer, porque él sabe qué sucederá.

El día de hoy cuando alguien de cualquier ámbito me asegura que sabe qué ocurrirá me causa gracia (léase en negocios, política, amor). Antes solía enojarme ante tanto descaro, hoy los dejo hablar y me río. Para ser exacto, cuando alguien comienza la frase con: "Yo creo que…", lo escucho atentamente, pero cuando me dicen: "Te aseguro que…", sonrío, me hago el tonto y disfruto viendo el show. Me divierto preguntando hasta que la mentira se cae sola, es un juego que aprendí a disfrutar.

¿Quién puede asegurar que mañana saldrá el sol? El líder nos va a mentir porque no tiene las respuestas, pero nos asegurará cuál es el camino. Eso nos tranquilizará, quitará la ansiedad, la responsabilidad multiplicada si hay familia que cuidar. Estará, al manipularnos, eligiendo por nosotros para que hagamos lo que nos diga. Como una oveja de rebaño yendo por un camino, del cual no queremos dudar que sea el correcto, dejamos atrás nuestra angustia y somos más felices… mientras dura la fantasía.

La frase "Dios ha muerto" atribuida a Friedrich Nietzsche no significa que creyera que existía Dios y que había muerto. En realidad, la frase del filósofo alemán es una metáfora. Nietzsche expresa no solo que Dios murió, sino que el ser humano lo mató con el propósito de llegar a un mayor entendimiento del mundo: ya no lo necesitamos como centro de nuestra existencia y entendimiento. Para no necesitar a Dios se requiere una entereza, una capacidad de lidiar con la angustia, de saber que no conocemos todas las respuestas, pero sin caer en el absurdo de creer que alguien sí las tiene.

La fe tiene mayor penetración en las clases bajas, ligadas a la pobreza, a la falta de oportunidades palpables para un futuro mejor. La situación hace que necesiten ese discurso esperanzador que provee la religión en cualquiera de sus ramas. Encuestas mundiales muestran que la fe religiosa se mantiene alta en las naciones con ingresos más bajos, mientras que en las más ricas predomina el desapego por la cuestión religiosa. Otras encuestas muestran otra relación, a mayor educación menor religión. Especulo que es porque al tener educación no dependemos tanto de la fe sino de nosotros mismos para conseguir trabajo, salud y demás.

Sin embargo, el apego a la religión no es solo potestad de las clases bajas. No de casualidad, el Opus Dei.[56] es una rama del catolicismo formada por gente de mucho dinero y poder que profesa un estilo de religión muy apegado al dogma ortodoxo, lo que significa que no por clase social o poder económico se necesita o no la religión.

El apego a la religión se trata de una cuestión de esperanza de mayor felicidad, la gente pobre y la gente rica son similarmente infelices. Epicuro diría que cuanto más rico, más problemas se tienen. Por ende, necesitan de la fe y la religión para su supervivencia, ni hablar de confesar sus pecados y conseguir un perdón tranquilizador. Por otro lado, la gente de clase media sabe que si trabaja duro podrá llegar a tener un hogar con una familia y no debería tener tantos problemas como los ricos o los pobres.

---

[56] La prelatura de la Santa Cruz del Opus Dei, conocida como Opus Dei, es una organización de carácter ultraconservador perteneciente a la Iglesia católica. Fue fundada el 2 octubre de 1928 por un sacerdote español, José María Escrivá de Balaguer, canonizado en 2002 por Juan Pablo II. En 2017 el Opus Dei estaba presente en 68 países.

Siempre habrá dos franjas de la población: ricos y pobres que, dada la cantidad de problemas que deben afrontar, deberán recurrir a la fe. Además, Nietzsche afirmaba que la religión es una guía de valores. ¿no será que es cabalmente necesaria para la sociedad, por ejemplo, para establecer un orden? o ¿necesaria para que la gente con necesidades inmediatas, sin plan ni solución, tenga la idea que algún día mejorará todo y no se rebele, saliendo a matar, a tomar lo que le "corresponde" a favor de una mejor vida? "Si Dios no existe, todo está permitido" le hace decir Fiódor Dostoievski[57] a uno de los hermanos Karamazov en su famosa novela.

2.2. ¿Y si el populismo y los creyentes son buenos?

Por algo existen, tal vez los populistas o los religiosos se merezcan el Nobel de la Paz por contener a millones de personas que no tienen grandes expectativas de una vida digna. Le ofrecen esa esperanza que les permite, a fin de cuentas, transitar la existencia de mejor manera. En todo caso, esto se reduce a expectativas y comparación: uno es pobre porque el otro es rico y si todos fueran pobres ninguno tendría envidia o aspiraciones de estar mucho mejor.

Algo de esto lo propuso Karl Marx en su Manifiesto Comunista: la distribución de pobreza e igualdad de clases. En Cuba, por ejemplo, con 90 % de pobres, no hay lucha de clases ni estallidos sociales, porque son todos igual de pobres, hay un gobierno militar dictatorial rico que cerró el país, aunque todos los días los que pueden se escapan en balsas precarias a Miami a riesgo de ser comidos por tiburones.

---

[57] Rusia, 1821-1881. Fiódor Mijáilovich Dostoyevski fue uno de los principales escritores de la Rusia zarista, cuya literatura explora la psicología humana en el complejo contexto político, social y espiritual de la sociedad rusa del siglo XIX. Es considerado uno de los más grandes escritores de Occidente y de toda la literatura universal.

Aferrarse a la esperanza para los creyentes es exactamente lo que afirmaba Kierkegaard: el vértigo a la libertad, el vértigo de saber que al final del día están solos, con pocos recursos y que sus chances reales de salir de la pobreza son bajas y requieren mucho más esfuerzo que el de una clase media o media alta. A través de sostener la esperanza y la idea que alguien los cuida, los visibiliza y los va a ayudar, alcanzan la *ataraxia* de Epicuro.

El mundo de la esperanza ciega los mantiene con ganas de seguir creyendo que en algún momento llegará la ayuda divina. No por casualidad los bingos y loterías se ubican en barrios carenciados. Es decir, la esperanza les da el remedio y la enfermedad al mismo tiempo, y la única forma de saber si es una u otra será la de la observación del resultado luego de un tiempo prudencial.

2.3. La necesidad de soluciones fáciles

Nada más explícito que un ateo que al sufrir una enfermedad científicamente incurable reza a Dios para que lo ayude, ¿cómo puede ser que cambie radicalmente de postura en un santiamén? Desesperación.

Heródoto decía: "Tu estado de ánimo es tu destino". Cuando uno está desesperado, necesita respuestas rápidas, y lo rápido por definición es fácil, lo cual no es una solución a un problema complejo, pero sirve como placebo temporal. ¿La cuestión es taparse los ojos y creer que todo va a estar bien, o decidirse a atravesar un proceso triste, doloroso y extenso en el tiempo, sin garantías de obtener el resultado esperado? Los desesperados optarán por la solución fácil. ¿Los hace más tontos? No. Todos podemos caer en la desesperación, la diferencia es que algunos se preparan lo mejor posible para evitar ingresar en ese estado.

Ahora, sobre la hipótesis de la gente que busca tranquilidad, en las elecciones votará siempre al que le brinde una respuesta entendible, identificable y de corto plazo. Por ende, haciendo un ejercicio de reflexión, supongamos que vivimos en una isla donde necesitan un puente para conectarse con la ciudad en la que se consiguen todas las provisiones. Tenemos un candidato que nos promete que en un mes instalará un puente de madera durable para que pasen todas las bicicletas, motos y algunos autos livianos. Por otro lado, tenemos un candidato que nos promete un puente industrial para que pase todo tipo de vehículos, pero tendríamos que pagar un impuesto extra en dólares estadounidenses por mes durante cinco años para que la obra quede terminada en dos años, lo cual resolvería la situación de los habitantes por los próximos veinticinco años.

En este contexto, la mayoría de las personas van a votar por las soluciones simples y de corto plazo, aunque sea temporal. Seguramente no podrán comprender a un ingeniero cuando explique el costo de los materiales, la necesidad de financiación externa a largo plazo, el impacto del puente industrial en la población para el futuro y, sobre todo, que tengan que pagar de su bolsillo un impuesto especial para su construcción.

2.4. Epicuro: tranquilidad y felicidad

Epicuro nos indica que la felicidad se alcanza con la *ataraxia*, la ausencia de toda perturbación, molestias, dudas o preocupaciones. En línea con el filósofo, todos los seres humanos buscarán su tranquilidad por el medio que puedan. Intentarán estar exentos de preocupaciones, sobre todo las generadas por aquello que no pueden controlar. Para sustentar este argumento, Montaigne decía sabiamente: "Se cree con la mayor firmeza en lo que menos se conoce". Pues parece que mucha gente desconoce a propósito para creer con mayor firmeza y llegar a esa seguridad que le dé tranquilidad.

IV. 3. ¿Víctimas o victimarios?

3.1. El huevo o la gallina

Al mencionar a los clásicos populistas como Hitler, Mussolini, Perón (en sentido del accionar populista, no militar), los catalogamos como los grandes culpables, pero ¿si ellos fueron solamente un reflejo de lo que la sociedad necesitaba? Por ejemplo, hay hombres y mujeres que buscan parejas que las dominen y, realmente, están contentos de esa manera ¿Qué ocurre si la sociedad en ciertas circunstancias busca lo mismo?

En el libro *El miedo a la libertad*, el psicoanalista y psicólogo social Erich Fromm analiza el carácter de la ideología nacionalsocialista y señala que las condiciones psicológicas en Alemania después de la Primera Guerra Mundial crearon el deseo de un nuevo orden para restaurar el orgullo y autoestima de la sociedad. Fromm, basándose en su interpretación de *Mi lucha*, señala que Hitler tenía una personalidad impactante, revolucionaria y sumamente orgullosa de su pueblo alemán. Lo reivindicaba en demasía y, a fin de cuentas, ese discurso de levantamiento moral caló a la perfección en una sociedad golpeada moralmente y en ruinas.

3.2. En el pasado, eran los populistas

No se puede juzgar a los pueblos creyentes de épocas pasadas con los criterios del siglo XXI. Eran víctimas de los medios estatales nazis, comunistas y de todo tipo que manipulaban sistemáticamente a la población para sostener el apoyo a su régimen. Cómo culparlos si la mayoría de ellos no tenía siquiera educación primaria, vivían en regiones rurales y casi no había información. ¡No había Google! No puedo hacerlo, como tampoco puedo juzgar a mis abuelos con los parámetros de hoy.

3.3. En el presente, acuso a los creyentes

Google es la biblioteca pública universal más grande de todos los tiempos y, además, cuenta con diversidad (casi) ilimitada de voces. Irremediablemente, en el siglo XXI la responsabilidad recae en la sociedad si no se informa y no duda. Antes de Google no cabía esa posibilidad por la falta de accesibilidad. Por eso, debería haber una catalogación de AG (antes de Google) y DG (después de Google). El desconocimiento de temas importantes es justificable en la línea de tiempo AG y no es justificable en tiempos DG.

Podemos decir que, en tiempo DG es imperativo individual y social hacerse cargo. La gran mayoría tiene teléfono celular con internet y algún tipo de educación. Por ende, nada más fácil que guglear y dedicarle unos minutos a algunos temas para comprender con mayor profundidad y no "comprar" mentiras con tanta facilidad.

Asumo que tal vez creería en la magia si no fuese que he visto en YouTube la explicación de cómo los magos hacen sus trucos y las manipulaciones visuales que engañan nuestros sentidos. ¡Todavía mucha gente cree en eso! Esa gente no se tomó el tiempo para buscar en la web cómo se hace un truco, lo que no la hace víctima sino victimario, porque la solución está a la vista y a la mano de todos. Se llama Google y es de libre acceso.

3.4. Desafíos del siglo XXI: *fake news* y *marketing* político quirúrgico.

Hablando de Google y de internet, muchos estarán pensando… ¿y las *fake news?*, y ¿el caso Cambridge Analytica donde se usó *big data y marketing* político segmentado para manipular o influenciar a ciertos votantes? A pesar de ello y de la sofisticación de las manipulaciones, la mayoría de las veces la verdad está a la mano de todos en Google, en diversos diarios, *blogs* y en redes sociales.

Supongamos que hay un político que dice que afuera está lloviendo y hay otro político que dice que no está lloviendo. El primero ofrecerá botes para que se salve toda la gente y el segundo dirá que no llueve, que hay que actuar con normalidad. Lo cierto es que aparentemente hay una forma de comprobarlo: mirando por la ventana. Frente a esto, un creyente le cree al primer político que aseguró que llovía. Un escéptico abrirá la ventana antes de votar, aunque hoy también puede ocurrir que, con la tecnología actual, se simule una lluvia falsa y así la persona creerá que está lloviendo.

La tecnología, el *big data*, la manipulación masiva, las *fake news* son muy efectivas y se pueden publicitar de manera segmentada, es decir, un mensaje especializado para cada público en los medios de comunicación. Lo mismo hacen las empresas de marketing digital. Por ejemplo, cuando gugleamos apartamentos para alquilar, notamos que en nuestras redes sociales nos aparece publicidad de alquileres. Nos espían y nos ofrecen publicidad segmentada para lo que nosotros necesitamos; lo mismo hacen en política.

Podemos agregar que el reto es doble ante la cantidad infinita de información disponible, verdadera, manipulada y falsa para jugar con las emociones del consumidor. Por ese motivo, es vital adquirir algunos hábitos especiales cuando nos informamos en internet. Estos son mis consejos para detectar *fake news* y cualquier información que nos quieran inculcar:

Lo primero que persiguen estas *fake news* es impactar en las emociones, generar reacción. Si esa reacción individual es muy grande debemos detenernos a pensar: dudar, tomarse unos minutos, contrastar en Google para ver si otros medios confiables también la han publicado. Ver la fuente, qué periodista la firma, no compartir la noticia en redes al calor de las emociones; observar la calidad de la fotografía, si es legítima o un meme. Leerla completa. En general el título es explosivo, pero el desarrollo del artículo a veces lo contradice.

En conclusión, nadie tiene la bola de cristal ni es completamente infalible frente a manipulaciones que son cada día más sofisticadas, pero la filosofía enseña a cuestionar y es clave como método para no caer ante estas mentiras.

IV. 4. Conclusión

4.1. A mayor crisis, mayor necesidad de esperanza

A mayor grado de crisis, de incertidumbre, de dudas, de descontrol, de perturbación más necesitamos creer en soluciones mágicas y facilistas que paren la angustia que mencionaba Kierkegaard. Por eso siempre los grandes populistas, búsquese el caso que quieran, surgen en momentos de crisis económicas y sociales, en definitiva, desesperación generalizada. La certeza falaz que predican los populistas y religiosos es la trampa psicológica que brinda la falsa tranquilidad. Ese hilo conductor que une a la religión con el populismo se denomina tranquilidad. A través de la fe, la esperanza y el perdón.

Por el lado contrario, el ateo o agnóstico en momentos de crisis asume y transita los momentos de angustia. Está convencido que nadie del más allá ni ninguna magia lo ayudará en esa circunstancia más que él mismo junto con sus seres queridos y recurrirá a la razón para superarla. Si no encuentra solución se romperá los sesos probando diferentes alternativas hasta encontrar alguna vía de salida, no se tranquilizará esperando que un ser o energía superior lo salve.

En conclusión, el populista sería útil como un respirador artificial cuando estamos con dificultades graves en nuestros pulmones. Nos salva de la muerte en ese momento, pero no podemos vivir continuamente con su ayuda. Es artificial. Al pasar el *shock,* debemos volver a la respiración natural y dejar de vivir en la mentira.

4.2. La importancia de calibrar expectativas

Tener esperanza está bien, sobre todo en períodos de profundas crisis donde la salida por vía racional no siempre está a la vista. Cuando aparecen las crisis se multiplican los creyentes que buscan respuestas, el público perfecto para que un populista llegue al escenario a entretenerlos de sus problemas, distraerlos de algo que no pueden resolver y hasta darles algo de placer con sus discursos emocionales.

A fin de cuentas, la necesidad de esperanza dependerá de las expectativas que uno tenga para sentirse contento o triste. También quiero resaltar que acusar de sobredosis de esperanza al grupo de población más vulnerable es muy injusto, esos casos no se pueden considerar, ahí realmente el Estado (y otros) deben intervenir para brindar igualdad de oportunidades actuando para cubrir sus necesidades básicas y de desarrollo personal.

Sin embargo, los grupos que fluctúan entre las clases medias (casa, comida, escuela, transporte y salud cubierta) no deben victimizarse como si padecieran lo mismo que las clases bajas, existe mucho de eso en la actualidad.

A veces, hay que aceptar algunas realidades que nos han tocado en la lotería de la vida: la familia, el lugar de nacimiento, ser rico, pobre, clase media, mujer, hombre, rubio, morocho, alto, bajo. Uno debe aceptar que no es el más lindo, el más inteligente, el más divertido. A mí también me gustaría ser Ryan Gosling, pero la vida me dio limones y trato de hacer limonada, no reniego constantemente de todo lo que no tengo, me volvería loco. Es una cuestión de expectativas. Personalmente, pertenecí a una clase media oscilante entre baja, media y alta a través de los años y he transitado internamente todo tipo de cuestionamientos: Por qué no me tocó tal cosa u otra, por qué a otro le fue mejor económicamente, pero con el tiempo, leyendo diferentes filósofos, sobre todo de la Antigua Grecia y de Medio Oriente, aprendí a manejar las expectativas y aceptar que el azar me dio algunas cosas y me quitó otras. Es lo que me tocó y trataré de ser feliz con lo que tengo en lugar de quejarme de aquello que pudiera haber tenido o que otro tiene.

Es decir, a medida que calibremos nuestras expectativas, que no nos comparemos todo el tiempo con los demás, quienes seguramente tendrán también problemas que no vemos, y nos centremos en disfrutar los placeres esenciales de la vida podremos evitar esa dependencia en la esperanza de una figura populista externa.

Nos podría ser útil conocer la Escuela de los Cínicos.[58] que sostenía que el hombre con menos necesidades era el más libre y el más feliz. Siempre me gusta citar anécdotas de Diógenes de Sinope.[59] y Sócrates que son inmensamente ilustrativas.

Diógenes era un hombre que vivía en la calle, sin ningún bien, como un mendigo y solo tenía lo que llevaba puesto, se resistía a conservar algo material. Lo acompañaban sus perros y disfrutaba de los placeres más básicos de la vida: comer, beber, reír, dormir, estar con amigos. Un día Alejandro Magno.[60] va a visitarlo, pues era considerado uno de los hombres más sabios de Atenas. Quien había conquistado el mundo de ese entonces le preguntó a Diógenes si necesitaba algo que él le pudiera dar, a lo que respondió que sí, que, por favor, se moviera del lugar porque le impedía disfrutar los rayos del sol.

---

[58] Escuela filosófica fundada en la Antigua Grecia durante la segunda mitad del siglo IV a. C. fundada por Antístenes y Diógenes de Sinope, filósofos más representativos de su época

[59] Diógenes de Sínope, también llamado Diógenes el Cínico, fue un filósofo griego perteneciente a la escuela cínica. Nació en Sinope, una colonia jonia del mar Negro, hacia el 412 a. C. y murió en Corinto en el 323 a. C

[60] Alejandro III de Macedonia, más conocido como Alejandro Magno o Alejandro el Grande, fue rey de Macedonia, Hegemón de Grecia, Faraón de Egipto, Gran rey de Media y Persia hasta la fecha de su muerte.

CAPÍTULO V

Filosofía, una vacuna contra el populismo

El problema no es la desobediencia civil, sino la obediencia civil.

HOWARD ZINN

V.1. Introducción

En política y religión las posiciones ideológicas se pueden clasificar sintéticamente en tres grupos, dos extremas y una intermedia: Fanatismo, Absurdismo y Escepticismo. Los fanáticos son las personas que cumplen y defienden de manera vehemente la totalidad de los dogmas del culto en el que creen. En otras palabras, no se atreven a dudar de ninguna regla, toman como verdadero todo lo que su credo les diga y tratan como equivocados a todos los demás que piensen diferente. Por ejemplo, en muchas religiones se encuentran hombres y mujeres que para las relaciones sexuales no usan ningún tipo de protección dado que lo creen una blasfemia ante Dios incluso para prevenir enfermedades como VIH-SIDA. Muchos miembros del Opus Dei tienen gran cantidad de hijos, básicamente por no cuestionar algo que se escribió en un libro hace miles de años.

En política sucede igual: existe el grupo fanático de un partido político que ciegamente apoya toda norma, acción u orden a capa y espada sin pestañar. Inclusive justifican aquellas acciones delictivas argumentando que son para el beneficio del pueblo. Nunca olvidaré cuando leí en un artículo del diario *Tiempo Argentino*, al periodista Hernán Brienza[61] justificando a los políticos que, en nombre de la patria, le roban a la misma para llegar y mantenerse en el poder:

> No hay que ser ingenuos. Sin el financiamiento espurio solo podrían hacer política los ricos, los poderosos, los mercenarios, los que cuentan con recursos o donaciones de empresas privadas u ONG de Estados Unidos.

Por el lado religioso otro caso paradigmático fue la Inquisición instaurada en 1184 por el papa Lucio III que declaraba "hereje" a toda persona que no siguiera las reglas o valores eclesiásticos. Algo parecido desde lo discursivo a lo que hace todavía el peronismo en argentina denominando "gorilas" a los que se atreven a cuestionarlos.

La Iglesia, a través de su enorme dominio territorial, establecía que las autoridades eclesiásticas tenían la potestad de perseguir a sus enemigos, supuestamente, con el objetivo de devolverlos al camino correcto. La religión domina a sus creyentes con el miedo a la muerte, pues nadie puede saber qué pasa después del último soplo de vida. El gran político y filósofo romano Séneca le escribió a Nerón en una carta: "Tu poder radica en el miedo: ya no tengo miedo, tú ya no tienes poder". Para los

---

[61] Buenos Aires 1974. Hernán Leandro Brienza es un periodista, escritor, politólogo, ensayista e historiador de izquierda, argentino.

que no creemos en el cielo y el infierno no hay ningún tipo de miedo y, por ende, ningún poder sobre nosotros.

Durante este proceso fueron justificadas todo tipo de atrocidades contra los señalados herejes: torturas, quemas en la hoguera y ejecuciones por miles. En la historia existen cientos de ejemplos que, bajo el nombre de la defensa fanática de cualquier ideología, se han cometido aberraciones, además del nazismo y su holocausto, el holocausto armenio[62], la gran purga orquestada por Stalin y Mao o las mismas cruzadas.

Todos, tuvieron el mismo mecanismo de refugiarse bajo actos fanáticos e imperialistas combatiendo en nombre de un dios o líder político. Es decir, todos estos acontecimientos fueron fomentados por el método populista, al alentar a las masas contra determinados enemigos con premisas, acusaciones y todo tipo de fogoneos emocionales. De esa manera, engendraron ejércitos de fanáticos que cometieron las mayores barbaridades y asesinatos de la historia.

El segundo grupo son los absurdos o absurdistas, los desinteresados de todo tipo de organización que quiera incumbir en su vida como las religiones o los partidos políticos. Los absurdos se enfocan solo en temas individuales que dominan directamente como su familia, su trabajo o sus negocios. A ellos les interesa únicamente vivir abocados en el presente y enfocarse en los temas que pueden controlar. El nombre de este grupo fue puesto en honor al filósofo Albert Camus que introduce esta idea del hombre absurdo en su famoso *Mito de Sísifo*:

---

[62] El genocidio contra el pueblo armenio fue la deportación forzosa y el intento de exterminar la cultura armenia. Se calcula que entre un millón y medio y dos millones de civiles armenio fueron perseguidos y asesinados por el gobierno de los Jóvenes Turcos en el Imperio otomano, entre 1915 y 1923.

Sísifo subía una pesada piedra por la ladera de una montaña empinada. Cuando estaba a punto de llegar a la cima, la gran roca caía hacia el valle, para que nuevamente volviera a subirla. Esto tendría que repetirse sucesivamente por toda la eternidad, donde planteaba la vida rutinaria y sin sentido de subir y bajar una piedra y cuál era el sentido en relación con vivir la vida desde esa perspectiva.

Camus desarrolla un conjunto de ideas asociadas con el concepto del absurdo. En otras palabras, el mundo despojado de romanticismos es como un territorio salvaje, cruel, injusto, más apto para animales y carente de sentido para el ser humano. A fin de cuentas, determina que como es inútil intentar probar el sentido de la vida es mejor pensar que todo es absurdo y abstraerse de la realidad. Por esa razón proyecta a Sísifo feliz en su labor.

En ese sentido, en este grupo se abstraen de todo lo relacionado al sistema, lo político, religioso y social que les pueda impactar. Sostienen que todos los políticos son iguales: corruptos, inservibles, que nunca los van a ayudar con nada. Afirman la inutilidad del voto, bajo el razonamiento que la democracia no tiene sentido: siempre gobierna una u otra casta política, cuyo objetivo es enriquecerse y mantenerse en el poder. Este grupo vive como si no formara parte de un sistema de organización municipal, provincial, nacional o global. No reconocen ser parte de una población que necesita de organización para sobrevivir, aunque comparten el aire, el agua, la tierra y recursos naturales.

No hay caso más claro y crudo que el de la pandemia de COVID-19 para entender que vivimos en un mismo planeta. No hay fronteras, la globalización es un hecho y por más que se niegue o no se mire estamos todos conectados. En consecuencia, ante un problema global complejo se necesita la colaboración de todos. Es decir, organización y coordinación de los países para resolverlos. Es inviable mirar para otro lado, desentenderse del mundo y cerrarse. Ni siquiera estás a salvo en una isla desierta.

Por otro lado, solamente estarán a salvo siempre y cuando no se vean forzados a participar en una guerra donde deban combatir, o sufrir una pandemia que los enferma irremediablemente o se vean obligados a defender su micromundo de cualquier intromisión ajena. A veces, por más que agaches la cabeza, los problemas te llegan igual con el agravio que no están en tema ni preparados para superarlos.

El tercer grupo, los escépticos, son transversales, pragmáticos, a través del proceso de cuestionamiento eligen qué temas creer, qué temas ignorar y qué temas rebatir. Esto aplica para todo, para religión, para política, para educación, para cada asunto de la vida, es una filosofía integral. De esta manera, son garantía de conservar su criterio propio, sobre todo, cuando se violan o pretenden violar ciertos valores.

Es un principio imprescindible para toda la humanidad, por encima de la inteligencia y la intelectualidad; este es la garantía de la moderación. Por ejemplo, cuando Hitler propuso eliminar a los judíos de Alemania, los fanáticos nacionalistas, incluyendo políticos, científicos, intelectuales apoyaron a rajatabla sin cuestionar la moralidad de aniquilar familias enteras por un argumento sectario. Un escéptico, un librepensador, nunca apoyaría esta aberración, porque mantiene la capacidad de dudar y de cuestionar. Posee un pensamiento propio con el que se llega, indefectiblemente, a la conclusión que la eliminación del pueblo judío era una barbaridad desde cualquier punto de vista. En el mismo sentido, pero religioso, hay miembros de la Iglesia que comulgan con muchos valores de la Biblia, Torá o Corán, pero desacuerdan en temas como aborto, divorcio y derechos de los homosexuales; sin embargo, siguen siendo religiosos del credo que sea.

Uno de los temas más importante a recapacitar es entender la trazabilidad concreta de las consecuencias de tener un mal líder político, del abuso de poder, la corrupción, la falta de planificación y prevención de problemas futuros, el desmanejo público de la policía, hospitales y las calles. En los peores casos se pagan con la muerte, con asesinatos de amigos, conocidos y familiares por delincuentes que fueron liberados antes de cumplir sus condenas, con huidas de su propio país forzados por la inseguridad, la falta de oportunidad y condena a la pobreza.

Solo basta con mirar a nuestros países vecinos de Latinoamérica con millones de familias desplazadas, que llegan a países donde dada su situación de desventaja son humillados con trabajos mal pagos, en pésimas condiciones y en la informalidad. En algunos casos, muchas mujeres hasta recaen en la prostitución para sobrevivir. Está ocurriendo ahora, y muchos miran para otro lado, esto demuestra que el modelo de democracia liberal es muy frágil y todos deben involucrarse para defenderlo pues miren qué fácil es caer en un sistema populista autocrático como Venezuela, Nicaragua o Cuba.

Dicho esto, trataré en este capítulo la vital importancia de "des fanatizar" a los fanáticos, y de "des absurdizar" a los absurdos. Solo cuestionando se podrá evitar caer en las trampas populistas y evitar las grandes catástrofes que vemos hoy.

V.2. Fanatismo y su razón de ser

2.1 Definiciones de Dogma

Según la RAE, el dogma es: "un conjunto de creencias indiscutibles y obligatorias para los seguidores de cualquier religión". Qué ocurrente este término, su definición misma te dice que es indiscutible ¡Increíble!

Me gusta más una definición desde una perspectiva filosófica sobre lo que implica el dogma: "el dogma es una afirmación no demostrada, aceptada a ciegas por la fe. El dogmatismo es característico de todas las religiones y de todos los sistemas teóricos que defienden lo caduco, lo viejo, lo reaccionario, y luchan contra lo nuevo, lo que se desarrolla[63]".

Luego de ir a la raíz del significado de este término se llega a ver con claridad que todo lo dogmático es absolutamente antagónico de la libertad.

2.2. ¿Por qué se recae en el fanatismo?

El fanatismo es la única salida a las dudas que no cesa de generar el alma del ser humano.

PAULO COELHO

¿Cuál es la fuerza de gravedad que lleva a una persona a dejar de pensar por uno mismo y seguir todas las instrucciones que dice alguien o lee en un libro? Según el psicólogo y sociólogo alemán, Erich Fromm[64] en su libro *El miedo a la libertad,* todo fanatismo es un intento de escapar

---

[63] Diccionario de Filosofía y Sociología marxista por P. Judin y M. Rosental, Editorial Séneca, Buenos Aires, 1959, 119 pp.

[64] Erich Seligmann Fromm (1900/1980) fue un destacado psicoanalista, psicólogo social y filósofo humanista de origen judío alemán. Durante una parte de su trayectoria se posicionó políticamente defendiendo la variante marxista del socialismo democrático

del surgimiento del individuo, del pensamiento propio, de la libertad propia y sus consecuencias, debido al miedo que ello causa.

Los fanáticos suelen ser personas con baja autoestima, inseguras y de frágiles lazos afectivos con los demás que buscan seguridad y pertenencia, amando o creyendo ciegamente en algo o en alguien.

Para el destacado catedrático en psicología de la Universidad del País Vasco, Enrique Echeburúa Odriozola[65]:

> Las personas son más vulnerables al fanatismo y a la violencia cuando acumulan frustraciones repetidas procedentes de un entorno percibido como hostil (sentimientos de humillación y venganza), carecen de un proyecto existencial propio y de una identidad personal y presentan ciertas características psicológicas: sugestión, hipersensibilidad emocional, con poca disposición al razonamiento e intolerancia a las críticas, autoestima baja, impulsividad o dependencia emocional de otras personas a quienes confieren un liderazgo incondicional[66].

2.3: ADN y síntomas del fanatismo

El doctor Odriozola recuerda el caso de los religiosos vascos que en el pasado se convirtieron en miembros de la Organización Terrorista Vasca (ETA) para ejemplificar que "es más fácil pasar de ser fanático de una cosa a fanático de otra que pasar de fanático a tolerante" y lo

---

[65] Enrique Echeburúa (San Sebastián, 1951) es catedrático de Psicología Clínica en la Universidad del País Vasco. Autor de múltiples libros de psicología y de artículos especializados. Sus líneas actuales de investigación se centran en la violencia contra la pareja, el trastorno de estrés postraumático, la ludopatía y los trastornos de personalidad.

[66] Echeburúa, E. y Corral, P. (2004). *Raíces psicológicas del fanatismo político. Análisis y Modificación de Conducta*, 30, 161-176.

atribuye a que los fanáticos "ya han adquirido una estructura mental característica".

Impecable razonamiento. Me remite a los adictos a quienes les es más fácil pasar de una adicción a otra, en vez de curarse, posiblemente porque lo que consumen, sea lo que sea, les ayuda a sobrellevar lo que sea que estén pasando. Mientras eso no pase, seguirán llenando ese espacio con esa adicción, de una en otra.

Por otra parte, el filósofo y escritor José Sanmartín Espulgues[67] da su tajante visión en su libro *El terrorista. Cómo es. Cómo se hace:*

> Una distorsión cognitiva muy común entre los terroristas –y, en general, entre las personas que hacen uso de la violencia para conseguir sus fines– es pensar dicotómicamente, en términos de blanco o negro. Así tienden a dividir el mundo entre ellos y nosotros. El pensamiento dicotómico suele ir acompañado de otra distorsión según la cual los terroristas se perciben a sí mismos como víctimas… y por ello se ven obligados a luchar, ya sea por la presunta opresión que padece su pueblo, por el deterioro de su forma de vida a causa de los valores de la cultura occidental o por muchas otras razones que suelen aducir en cualquier parte del mundo. De esta forma, justifican ante los demás y ante sí mismos su apelación a la violencia como una autodefensa con base moral. La combinación de ambos factores los lleva a trasladar la responsabilidad de cuánto les afecta

---

[67] Valencia, España, 1948. José Sanmartín Esplugues es un filósofo y escritor español cuyas aportaciones se han realizado en el área de las relaciones entre ciencia, tecnología y sociedad y en estudios sobre violencia.

negativamente de nosotros, los enemigos de la patria, los infieles, etc. El conjunto resulta un auténtico cóctel explosivo en la mente del terrorista, que acaba por desarrollar lo que se conoce como rigidez cognitiva.

El citado Echeburúa añade a las distorsiones un rasgo mental común en los fanáticos: la sobrevaloración afectiva de sus creencias. Esta consiste en vivirlas con una alta intensidad. "Por eso se enfadan si los contradices, y esto puede llevar a actitudes violentas y a terrorismo, porque les hace ver a los discrepantes como enemigos", agrega el autor. El tránsito del fanatismo hasta el terrorismo pasa entonces por la construcción del enemigo que, prosigue Echeburúa:

> Implica rebajarlo a la condición de cosa –cosificarlo–, y eso significa verlos como algo subhumano. Ahí surge el menosprecio con el que clasifican a maricones, moros o infieles, por utilizar algunos de los adjetivos con los que despachan a sus enemigos.

Para complementar, Sanmartín describe el modus operandi psicológico para poder actuar con esa frialdad característica:

> La consecuencia principal de esta cosificación del enemigo que les permite –y esto es algo terrible– tapiar con prejuicios y estereotipos sus reacciones naturales de compasión hacia las víctimas. Aprenden a despersonalizarlas y así pueden neutralizar sus reacciones ante el disparo a bocajarro en la cabeza de la víctima. Al no ver personas, sino medios o instrumentos cuya destrucción los acerca algo más a la consecución de sus nobles

objetivos, los terroristas no tienen, en definitiva, con quién empatizar, de quién compadecerse.

Y para finalizar, Echeburúa nos describe con una imagen la forma en la que esa estructura psicológica les permite no generar ninguna perturbación después de realizar sus actos de fanatismo:

> La cosificación les ayuda a volver a casa y comerse una hamburguesa tranquilamente tras haber cometido una acción violenta o un asesinato.

Todos estos componentes de personalidad ayudan a comprender cuando nos quedamos perplejos ante los comportamientos fanáticos de cualquier ámbito en conjunto con la peligrosidad de estos personajes.

2.4. El vínculo entre autoestima y fanatismo

Desde otra perspectiva, el investigador y reconocido autor argentino psicólogo y neuropsicólogo, Sergio Lotauro.[68], afirma con asertividad sobre el vínculo entre autoestima y pertenencia.

> Quienes luchan con tenacidad (e incluso muchas veces mueren literalmente en esa lucha) para defender los estandartes del grupo, en última instancia están defendiendo su propia autoestima, a la que sienten peligrar. Las investigaciones en psicología postulan una ecuación simple: cuanto más pobre es nuestra autoestima, mayor es la necesidad de identificación con una

---

[68] Argentino, Licenciado en Psicología, Doctorado en neurociencias cognitivas, se especializó en neuropsicología. Desde hace años, su interés por la investigación se centra en el estudio del cerebro y su relación con la conducta.

comunidad poderosa que nos ayude a repararla o al menos sostenerla. Cuanto más inseguros nos sentimos y dudamos de lo que valemos, más fuerte es el impulso de poner a salvo nuestro orgullo personal asociándolo a un grupo sólido de pertenencia.

Ese grupo de pertenencia les regala, generalmente, la capacidad de creer y acompañar el sueño de otro, como podría ser el de su líder. La mayoría de los miembros de estos grupos carecen de planes y proyectos personales propios por los que luchar, y al final del día, sienten mayor autoestima porque pertenecen a un grupo unido, con todo lo que eso les brinda, ese calor familiar que muchos carecen y esa pasión de lucha en conjunto por determinados objetivos.

Por otro lado, la gente que se adaptó al sistema y acepta más o menos las reglas de juego logrando crear, trabajar y satisfacer algunas cuotas de sueños en sus proyectos personales no necesita tomar a préstamo ese sentido de pertenencia o ese sentimiento combativo ajeno para explotar su intensidad, sino que se propone y elige luchar por sus proyectos día a día, estímulo que tanto procuran y del cual carecen los fanáticos.

2.5. Eliminación de dudas y seguridad

Alguna vez he escuchado que en sentirnos seguros está la clave de la felicidad. Luego de muchas reflexiones al respecto, coincido que esto es cierto en gran parte. Sentirnos seguros nos hace más felices: nos quitamos las preocupaciones y miedos sobre cualquier acto futuro que tiene, inobjetablemente, una enorme dosis de azar más allá de nuestra capacidad de control sobre él.

Como se expresó, algunos aspectos son incontrolables, pero también hay personas que lidian con ellos: idean estrategias para estar preparados ante todos los escenarios posibles y reducir los desvíos de su plan al máximo. Es decir, tienen plan de acción, de contingencia, plan de contingencia del plan de contingencia y así sucesivamente.

Estas personas, por definición, están más preocupadas que otras porque entienden y asumen esos factores azarosos como posibilidades. En consecuencia, dedican más tiempo para tomar una decisión y, a veces, son consideradas personas inseguras. Esta característica, al ser tantos los factores inmanejables, muchas veces genera un círculo vicioso de pensamientos que tienden hacia lo negativo, que bloquean nuestro razonamiento y nos impiden avanzar.

Por lo tanto, a mayor inteligencia mayor cantidad de variables le encontrarás a tu plan. No por nada, el escéptico Montaigne afirmaba que: "saber mucho da ocasión de dudar más". Por esa razón, a menor comprensión de la realidad, voluntaria o involuntaria, mayor seguridad.

Recuerdo a uno de los personajes favoritos de mi infancia, el Profesor Jirafales de *El chavo del 8* que decía, repetidamente: "Solamente los idiotas están muy seguros de lo que dicen y de eso estoy completamente seguro". Lo releo y me sigue causando gracia. Esa afirmación me quedaba rondando en mi cabeza y era lógico. De Jirafales aprendí mucho.

En particular, recuerdo que me llamaba muchísimo la atención observar a los líderes que me rodeaban en mi infancia como mis padres, mis maestros, mis profesores de fútbol, algunos políticos sobre los que leía en el diario *Clarín* antes de ir a la escuela, hablando con enorme seguridad sobre todos los temas. Uno de chico tiende a no contradecirlos.

Con el tiempo me fui dando cuenta que a veces se equivocaban en sus afirmaciones, es decir, me daba cuenta días o meses después que muchas cosas las inventaban. Desde chico practicaba la trazabilidad entre lo que dicen y lo que hacen. No entendía por qué necesitaban hablar con esa seguridad abrumadora, que eliminaba toda duda, y no podían decir: "creo que", "me parece", "podrían ocurrir tales cosas".

Siempre se manejaban como si tuvieran la verdad absoluta y mi pregunta es: ¿lo hacían por tontos, por ignorantes? En estos casos creo que nada de eso. Lo hacían para quitar las inseguridades a los más chicos. Como cuando tenías fiebre y preguntabas a tu mamá si te ibas a curar pronto y te respondía que sí y te daba un beso en la frente. Ella no sabía si te ibas a curar o qué tenías, pero lograba tranquilizarte, dando tiempo al cuerpo para que genere las defensas necesarias.

Digámoslo de manera brutal: la duda te hace un perdedor, al menos si lo juzgamos con los valores occidentales. Se asocia la felicidad con el tener dinero, el éxito; poseer un buen físico, una linda pareja, también buena familia y la posibilidad de vacaciones en una playa de arena blanca. Ahora bien, a qué persona le podría gustar otra que ante la simple pregunta de: ¿a dónde vamos a cenar?", manifiesta una respuesta interminable de comparaciones de restaurantes y argumenta una serie infinita de consideraciones: si come carne roja y no pescado, si es tarde para cenar, si resulta derrochador comer afuera, si el ahorro en salidas le permitiría comprar un mejor auto, etc. Suena exagerado, lo sé, pero todo eso pasa por la cabeza de un pensador acostumbrado a dudar, comparar y tomar buenas decisiones.

La primera vez al otro le puede parecer divertido, pero en la segunda o tercera salida seguramente lo mandaría al demonio porque tanta duda lo deja sin acción. Nadie quiere una persona que duda de todo, que no puede estar seguro de nada, aunque esté técnicamente en lo correcto porque hay demasiados factores que desconoce al tomar la decisión. Dicho esto, es posible manejar el proceso de duda eficientemente, el anterior era solo un ejemplo bastante extremo.

El caso más clásico, el que más me llamaba la atención de chico, es el mismo que ahora: cuando los políticos aseguran que van a ganar las elecciones, como si dominaran el voto secreto de la gente. Esa seguridad que quieren transmitir persigue el mero objetivo de tranquilizar a sus votantes para que no piensen más, no duden más, no cuestionen más porque están escuchando al ganador de las elecciones, al que ellos van a votar.

Pregunto: ¿Es mentir cuando un político dice que está seguro de que va a ganar? O, ¿resulta obvio que nadie puede mentir sobre el futuro? Nunca he visto un político en una elección que ponga en duda sus proyectos, sino todo lo contrario, hablan con total seguridad sobre sus planes y asegurando que van a funcionar. Pareciera que la gente en el fondo necesita eso. Lo mismo aplica para un líder de organizaciones, empresas o familias que está obligado a transmitir seguridad para ser escuchado y seguido. Algunas veces está más seguro porque tiene argumentos, planes y equipos calificados concretos y otras, simplemente, miente con descaro y consigue el mismo resultado.

2.6. Facilidad de posiciones

Las posiciones extremas son las más fáciles, aptas y entendibles para todo público, por eso son tan populares. Son, básicamente, dicotómicas: blanco o negro, buenos y malos, sin pensar que en el medio hay un enorme gris. Los argumentos son tan básicos que su comprensión está al alcance de todos.

Por ejemplo, un discurso nacionalista y populista repetido desde hace siglos en países en crisis es el de culpabilizar de todos los problemas a los inmigrantes. Pero si otro dirigente político se pone a explicar que el problema económico surge del déficit fiscal, comercial y energético acumulado desde hace treinta años y que debe dejar de financiarse con emisión monetaria, probablemente el público se aburra, no lo entienda, no sepa que hacer, o directamente se quede dormido. Lo mismo aplica por la positiva cuando un político da un discurso complejo, un plan económico de largo plazo, integral, tampoco puede ser comprendido en términos técnicos y generar empatía con la sociedad.

Con este tipo de público el populismo tiene la cancha allanada y, por esa razón, se ha convertido en la gran amenaza del siglo XXI.

2.7. Dialéctica amo y esclavo del fanatismo

La adicción es una enfermedad crónica y recurrente que se caracteriza por una búsqueda patológica de la recompensa o alivio a través del uso de una sustancia o una actividad en particular. Para poder combatir una enfermedad primero hay que hacer un diagnóstico. Es decir, estudiar y observar los síntomas del paciente e investigarlos para determinar el mejor antídoto. Digamos que el populismo es la droga que una sociedad consume, por ende, debemos entender y hacer un análisis psicológico de la población para entender por qué la consume.

Una de las explicaciones clásicas la expone mi homónimo alemán, el descollante filósofo Friedrich Hegel.[69] en su transgresora "Dialéctica de amo y esclavo", pasaje que se encuentra en el libro *Fenomenología del espíritu*. En esencia, propone un vínculo de ida y vuelta singular entre dos figuras: el amo y el esclavo, donde el primero domina visceralmente al segundo mediante la negación, es decir, ignorando su deseo de ser reconocido por el amo.

De esa forma se asume como esclavo del amo y surge una forma de conciencia en el dominado. Esta conciencia es la de aquel que reconoce al otro como amo y se reconoce a sí mismo como esclavo. Por ejemplo, muchas veces en ciertas relaciones laborales, de amistad o amorosas uno domina y el otro busca constantemente satisfacer de muchas maneras

---

[69] 1770-1831 Georg Wilhelm Friedrich Hegel fue un filósofo del Idealismo alemán, el último de la Modernidad y uno de los más importantes de su época.

al primero para que lo reconozca en la actividad o el ámbito que fuese. Si nunca lo reconoce, mantendrá el dominio para siempre.

Traída esta teoría al mundo político, se puede ver esta dialéctica entre los populistas y los fanáticos de su partido, quienes son los esclavos de los líderes al buscar con ansias su reconocimiento. Infinitos casos de políticos, periodistas, actores sociales que buscan desesperadamente hablar bien del político populista o defender posiciones increíbles de su líder y partido. Esto lo hacen a cualquier costo, persiguiendo un reconocimiento que pocas veces llega y que los convierte en esclavos según la dialéctica de Hegel.

En la Argentina, este fenómeno se manifiesta con claridad en un movimiento político verticalista como el peronismo; mucha gente es tan arrodillada que llaman a dirigentes el "jefe" o "la jefa". Uno puede suponer que buscan un beneficio económico, pero tiendo a creer que se trata más de un reconocimiento espiritual, donde el esclavo busca desesperadamente el reconocimiento del amo; lo más impresionante es que en el siglo XXI, aún se practica esta dialéctica.

Desde el comienzo de la historia han existido dominadores y dominados. Según Hegel, si el esclavo es reconocido, su deseo llega a concretarse y alcanza su meta. También cuando el populista fracasa y el esclavo ya no busca reconocimiento se acaba la dependencia. Convengamos finalmente que, si un manipulador se encuentra con una persona con alta autoestima, esta última no necesita del reconocimiento de otro para estar bien.

Cuando esto ocurre, el manipulador pierde todo su poder, es desenmascarado e ignorado en cinco minutos hasta causa risa y nunca llega a producirse ese vínculo de amo y esclavo. En este caso, el individuo al que intentan manipular no busca ningún reconocimiento, sino que valora su independencia y no necesita que nadie lo reconozca más que él mismo, por ende, rechaza todo tipo de populismo que le quieran ofrecer.

V.3. Absurdismo y su razón de ser

"Puedes ignorar la realidad, pero no puedes ignorar las consecuencias de ignorar la realidad"

AYN RAND

3.1. La filosofía del Absurdo

Según Camus, ante determinada cuestión o problema que no tiene solución, se puede optar por tres caminos: buscarle un sentido a través de la religión, suicidarse o, como alternativa, la aceptación de que tal o cual tema es "absurdo".

Llevado al plano político, los "absurdos" son las personas que, ante el problema de la complejidad de la política, toman el camino de catalogarla como "absurda". Al aceptarla como absurda, inentendible, inmanejable deciden abstraerse y dejar de ver, opinar y participar de la misma. Es decir, creen que la política es un problema demasiado complejo, al que eligen no dedicarle tiempo, porque creen que son meros espectadores de una tragedia en la cual no pueden intervenir.

3.2. ¿Por qué se recae en el Absurdismo político?

Haciendo un paralelismo, las personas apolíticas que votan en blanco o que no votan, que no opinan de lo que ven en los medios, que se desentienden de las realidades y los problemas de sus países o entornos cotidianos son los que abogan por estos valores del absurdo.

Los absurdistas creen que los problemas sociales y económicos están relacionados a un sistema político corrupto, malo e ineficiente que se repite eternamente a través de los factores de poder cómplices: partidos, jueces, legisladores, sindicatos, medios que pactan entre ellos y terminan siendo todos parte de lo mismo, en otras palabras, que el sistema es imposible de cambiar y que entender u opinar de esos asuntos no hace diferencia.

Este grupo de gente no ejerce su voto ni se involucra, lo entiende como la inutilidad misma y considera que no sirve para nada, prefiere dedicarse a sus propias actividades (más importantes) y definir su futuro individual (familia, trabajo, etcétera). Este grupo de gente es una especie de espectador que ve a Sísifo subiendo y bajando la roca por la montaña desde su cueva mientras vive sin inmutarse. Sin embargo, ser testigo de una tragedia a veces puede ser fatal.

Cualquier persona que observe algún tema sin interés en querer entenderlo o sin hacer un esfuerzo para comprender algo siempre dirá que todo es lo mismo. Es una postura facilista, una trampa mental que da comodidad. No nos involucramos para no saber y no sabemos porque no nos involucramos; por tanto, decimos que todo es lo mismo para abstraernos y convertirnos en absurdos. Puedo entender al que se rinde ante las preguntas existencialistas y se hace absurdista, pero no al que se rinde ante entender o querer entender las políticas que gobiernan su país y lo afectan directamente.

3.3. El error de ser absurdista en el siglo XXI

Los absurdos deben recordar que forman parte de la sociedad y que sufrirán en carne propia si el político equivocado gana ayudado por el no voto, o voto en blanco de ese sector.

No pueden esconderse en el siglo XXI. Esto era viable en la Edad Media cuando los señores feudales armaban su castillo, su micromundo y podían gozar de cierto aislamiento. Hoy no existe la posibilidad de irse a vivir a un pueblo remoto o isla desierta donde no se dependa de nadie. El mundo está hiperconectado y negarse a participar del sistema es *escupir para arriba*.

Vemos este fenómeno plasmado en muchos políticos populistas que llegan al poder, democráticamente, engañando a la gente con un discurso y relato maravilloso. Donde, al poco tiempo, transforman sus Estados en democracias autoritarias o dictaduras de facto. Aquí es donde los absurdos deberían entender que van a ser afectados indefectiblemente. Sus libertades serán recortadas, los medios de comunicación callados, fuerzas parapoliciales silenciarán opositores con cárcel y asesinatos, cierre de fronteras, caos, hambre, carencias de todo tipo.

Se puede observar en muchos países donde millones de personas son forzadas a emigrar: familias rotas, profesionales con experiencia que no pueden ejercer, mujeres que por necesidad se prostituyen, otros que delinquen para subsistir y poder enviar dinero a sus familias.

No hay escapatoria, si uno no se involucra termina siendo cómplice. Tarde o temprano les llegará la hora y lo terminarán haciendo por la fuerza y de la peor manera.

3.4. Involucrarse es imprescindible

Siempre que me planteo un objetivo imposible, me recuerdo esta anécdota histórica y me llena de energía:

En Sudamérica vivió un hombre que no se rindió a su imposible sueño de libertad: realizar el cruce de la cordillera de los Andes con su ejército libertador para expulsar al ejército español. Nos referimos al general José de San Martín, quien en el 1817 con enormes dificultades y a pesar que desde aquella opulenta Buenos Aires no lo apoyaban, logró reunirse en la provincia argentina de Córdoba con el General Pueyrredón quien parecía ser el único que lo comprendía por aquellos días.

Al tiempo, en la provincia de Mendoza, recibe una carta de Pueyrredón que dice:

> A más de las 400 frazadas remitidas de Córdoba, van ahora 500 ponchos, únicos que he podido encontrar. Van los 200 sables de repuesto que me pide. Van 200 tiendas de campaña. Y no hay más. Va el mundo. Va el demonio. Va la carne. Y no sé cómo me irá con las trampas en que quedo para pagarlo todo. ¡Y qué carajo! No me vuelva a pedir más, que lo que usted quiere hacer es imposible...

San Martín le responde:

> General Pueyrredón, gracias por el envío. Lo recibiré en los próximos meses. Le agradezco todo lo que ha hecho. Usted tiene razón, lo que quiero hacer es imposible, pero es imprescindible.

> El resultado lo recordamos todos de este imposible, que, al ser imprescindible, juntó fuerzas de lados impensados y lo logró.

En nuestra actualidad del siglo XXI, al explotar la tecnología, la información, las fotos y los videos junto con su rápida viralización, las personas están transitando una fase nueva, donde acumulan una rabia monstruosa de la política, porque ahora se dan cuenta de cuánto les mientan en la cara, que van de crisis en crisis y no muestran intenciones de resolverlas.

Al fin y al cabo, les genera irritación ver que el sistema político es estructuralmente corrupto, cosa que hace pocos años no pasaba, porque las mentiras eran imposibles de verificar por los ciudadanos: quedaban las acusaciones en el aire. Al día de hoy, la gente está especialmente irritada porque puede ver en sus celulares el desastre del sistema político, su incapacidad y su corrupción. El problema aumentado es la impotencia de la gente que pocas herramientas tiene más que protestar en redes sociales.

Esa bronca es bien comprendida, pero darle la espalda al sistema es permitir que una minoría involucrada sea más fuerte que una inmensa mayoría silenciosa de bien.

Es compresible que a veces se vote a la izquierda, a veces a la derecha, a veces al centro, es parte del péndulo social donde las realidades van cambiando y cuadra mejor una solución política que otra. Lo que los absurdos no pueden permitir es dejar ganar elecciones a candidatos populistas. Muchos de esos políticos que llegan engañando a la gente, cualquiera sea la fuerza política, muchas veces terminan restringiendo libertades haciendo uso indebido de la policía o servicios secretos y/o los poderes del Estado.

Gracias a Google y las redes sociales, muchos de estos abusos quedan a la vista de todos. Es cierto, también, que el desafío es detectar las *fake news*, pero en última instancia siempre es mejor que haya más medios de comunicación y no menos, en todo caso el reto será hacer el mejor filtro de información posible. Es totalmente inaceptable que los absurdos, cada día más determinantes, no se involucren disponiendo de Google o no lean unos minutos un diario o vean algunos periodistas selectos para que le den un panorama o un resumen de realidad.

Es inadmisible que no se informen sobre cómo va su país, que no ejerzan sus derechos y deberes ciudadanos teniendo un celular en la mano. Mateo Salvatto.[70], emprendedor joven argentino, creador de *Hablalo*.[71] en una conferencia dijo: "Para crear una aplicación necesité solamente ganas y Google". No hay excusa que valga, los absurdos son cómplices de malos políticos que causan todo tipo de desastres. Ni pensar a nivel global en países armados con bombas atómicas, ejércitos masivos o simplemente Estados tan destruidos y faltos de controles que pueden generar pandemias pongan en peligro el planeta.

Tampoco se puede dejar que sanitariamente se sigan manejando de forma individual, se deben acatar normas globales. La consecuencia está a la vista. Todos somos cómplices y testigos del COVID-19 nacido en una nación donde la información no es confiable. Aparentemente se ha ocultado y se ha difundido mucho más tarde de lo que ocurrió, provocando que el virus se dispersara rápidamente por el mundo.

Ante un mundo absurdista, debemos saber que lo que ocurre en países como China, que equivocadamente vemos como lejano, por efecto de la globalización nos termina afectando. Es vital involucrarnos más. Por lo menos opinar e influir de la forma que sea: por las buenas, a través de organizaciones como la ONU con acuerdos y consensos, pero en última instancia también por las malas, a estas alturas, la libertad no se negocia.

---

[70] Campeón Nacional e Internacional de Robótica con veintiún años. Es el fundador de Asteroid, empresa creadora de *Háblalo*, la aplicación que asiste a miles de personas con discapacidad.

V.4. El Mito de la Caverna y el populismo

4.1 El relato

El mito plantea que unos hombres permanecen en las profundidades de una caverna desde su nacimiento sin poder salir, mirando siempre hacia una pared amarrados por detrás con gruesas cadenas. A sus espaldas, por encima de sus cabezas, una hoguera ilumina sutilmente un muro. A su vez, entre el muro y la hoguera hay otros hombres que proyectan unas sombras sobre la pared que están mirando los encadenados. De este modo, reflejan en las rocas la silueta de árboles, animales, montañas, personas y otras ilusiones.

Es una alegoría con la cual Platón equipara las artimañas que realizan los embaucadores para vender una realidad falsa.

4. 2. ¿Estamos atrapados en nuestra caverna?

Cada uno percibe la realidad de una manera única. Nunca vas a coincidir ciento por ciento con nadie sobre un análisis y podrás pasártela discutiendo toda la vida o aceptando que cada uno opina desde su visión. A esta altura del siglo XXI todos debemos contextualizar la opinión del otro y comprender quién es, de dónde viene, cuáles son sus experiencias y qué intereses tiene.

Esos hombres que describe Platón se parecen a nosotros. Cada uno ve su realidad y cree que siempre tiene razón, está convencido que su visión es la real. Ni ellos ni nosotros vemos más que esas sombras, las cuales simulan una verdad engañosa y artificial. La ficción proyectada por la luz de la hoguera nos brinda la realidad que vemos: permanecemos sujetos en nuestra propia caverna y, por ende, en nuestra propia realidad. Sin embargo, hoy tenemos las piedras a mano para romper las cadenas que nos amarran a la piedra. Pero, ¿quién realmente quiere y se atreve a cortarlas sabiendo o imaginando las consecuencias de ese acto?

4. 3 ¿Es nuestra realidad la única válida?

El camino que sube y el que baja son uno y el mismo. En el círculo comienzo y fin son la misma cosa. Dios es el día y la noche, el invierno y el verano, la guerra y la paz, la saciedad y el hambre.

HERÁCLITO

Interpretando a Heráclito, podemos decir que la realidad es una fluctuación constante entre dos opuestos, dos contradicciones que depende de la percepción de quienes la transitan y cuyo resultado está ampliamente relacionado con los factores psicológicos, sentimentales y situaciones que los han afectado durante sus vidas, los cuales, en consecuencia, los hacen interpretar a unos que es el comienzo y, a otros, que es el fin y viceversa. Una persona atea o agnóstica, por ejemplo, interpretará que Jesús fue un profeta destacado. Por el contrario, una persona formada en el cristianismo interpretará que fue el hijo de Dios. O también cuando hay un acto de violencia ejercido por grupos de Oriente en Occidente los medios occidentales los llaman terroristas y los medios orientales los llaman héroes.

Si recostamos el número 9, horizontalmente, con una persona en un lado y la otra en el opuesto, uno verá un 6 y la otra un 9. Pueden gritar y agarrarse a las piñas repitiendo que es un 6 y un 9 o pueden escucharse mutuamente y ponerse uno en el lugar del otro.

Por consiguiente, podemos decir que no existe una realidad, sino que existen múltiples interpretaciones de esta. Tal vez existen los hechos, pero los hechos sin interpretaciones no sirven para nada: la interpretación es más importante que el hecho. Nunca olvidaré cuando en una charla de bar un abogado famoso dijo riendo que "el relato es más importante que la verdad", a la hora de ganar un juicio o cualquier argumento. Esto explica básicamente por qué Joseph Goebbels estaba al nivel de Hitler siendo solo un ministro. El *Führer* sabía que era más importante tener un relato oficial que mantuviera a la población alineada a sus objetivos más que comunicar la realidad, lo cual no generaría el mismo entusiasmo que el relato.

¿Quién podía probar lo contrario en ese entonces? No había Google. Tan importante es el relato para el populismo que hicieron de la comunicación un Ministerio de Propaganda, es decir, la voz, la historia, el relato del gobierno. A fin de cuentas, determinaba lo que la gente escuchaba, entendía, pensaba y, en consecuencia, hacía.

También esta visión explica por qué el relato es más importante que los hechos y por qué sirve más que la verdad para comunicar. Básicamente es un tema matemático. Si te dicen que en su mandato hicieron cinco mil escuelas y su rival hizo cincuenta, cualquier votante se decantaría por el primero. Porque, ¿cuántos pueden verificar si hizo cinco mil escuelas o siquiera cincuenta? Es imposible de comprobar, inclusive con Google, entonces cuantas más mentiras mejor.

4. 4 ¿Queremos salir de nuestra caverna?

Volviendo al relato de Platón. Si uno de los hombres se liberase de las cadenas y saliera de la caverna, la luz del sol lo cegaría. La realidad lo confundiría y las cosas que viese le parecerían menos reales y más incómodas que las sombras que ha visto toda su vida. Tal vez su primer reflejo sería volver a la zona del confort, de nuevo a la caverna.

Para poder captar la nueva realidad tendría que acostumbrarse, dedicar tiempo y esfuerzo a ver las nuevas cosas sin ceder a la confusión y la molestia. Sin embargo, si en algún momento ese hombre que salió regresase a la caverna y se reuniese con los hombres encadenados todo lo que pudiese decir sobre la nueva realidad sería recibido con burlas y menosprecio.

Por ejemplo, al ser común el machismo en las culturas latinoamericanas sería arriesgado para un hombre en un grupo de amigos admitir que el movimiento feminista tiene razón en los reclamos de igualdad. Entonces, callará su punto de vista por miedo a perder sus amistades, por el efecto psicológico llamado "espiral de silencio.[72]", detallado más adelante.

Salir de una realidad y pasar a otra trae muchísimos costos: perder amistades o relaciones que se mantienen unidas bajo creencias comunes que un día dejan de compartirse. Imagínense en Argentina si en una familia peronista de repente uno de los hijos se hace liberal o socialdemócrata. O en Estados Unidos, si en una familia clásica republicana uno de los hijos se hace demócrata. Esto hace que no queramos, no busquemos o no nos atrevamos a pasar a la nueva creencia, a cambiar. Siempre es más fácil permanecer en un mismo lugar. Ese esfuerzo de arriesgarse a cambiar, a comenzar de cero consumirá tiempo, creará dudas, llevará a peleas y romperá relaciones. No cualquiera se anima, es solo para valientes.

4. 5. El que quiere salir, puede

Podríamos decir que los hombres de la caverna serían hoy los fanáticos o absurdos políticos con su pensamiento cerrado, sin cuestionar nada, creyendo lo que quieren creer cuando una serie de locutores les narran lo que está ocurriendo. Pero la gran diferencia entre el hombre de la

---

[72] La espiral del silencio es una teoría del área de la comunicación política de la ciencia política propuesta por la politóloga alemana Elisabeth Noelle-Neumann en su libro *La espiral del silencio: opinión pública: nuestra piel social,*

caverna de Platón y el hombre de la caverna del siglo XXI es que el actual posee la herramienta que rompe las cadenas al alcance de la mano.

Es cierto que en algunas ocasiones se complica un poco verificar datos muy específicos como el caso de las cinco mil escuelas mencionado arriba, pero por lo menos Google te da herramientas como para darte una idea de si el interlocutor suele mentir, verificar si alguna que otra escuela se hizo, chequear en distintos medios la información y más.

4. 6. Cómo salir de la Caverna en cinco etapas

a) Cuestionamiento

Desde la niñez hasta la adolescencia tus padres toman infinidad de decisiones por vos: religión, escuela, amigos, barrio donde vivir, valores, identidad de género, ideas sobre economía, comercio, política. Todo eso es impuesto por tus mayores a quienes también les fue impuesto, y así hacia atrás en cada generación.

En la actualidad la vida es tan rápida que no deja tiempo libre para pensar y meditar, pero si uno para la pelota y comienza a cuestionar sus creencias se va a enfrentar a preguntas incómodas. Esas preguntas provocarán el cuestionamiento de muchas de las decisiones que se tomaron por nosotros y, por consiguiente, revisaremos cada creencia, decisión o valor que nos han impuesto. Luego, tomaremos el camino de revalidarlos o revocarlos, pero en libertad de conciencia, por uno mismo. Ello hará la diferencia.

Para combatir exactamente esta problemática, en la antigua Grecia, Sócrates desarrolló una trascendental metodología llamada mayéutica que cambiaría el mundo para siempre. Esta técnica consiste en hacer preguntas, idealmente guiadas por un maestro, para que el interlocutor pueda por sí solo darse cuenta de la falsedad de los conceptos que tenía en su mente impregnados. Es decir, es un método a través del cuestionamiento por el cual un tercero nos guía a desenmascarar creencias. Pero no siempre habrá un Sócrates ahí para sacarnos el velo, también se puede realizar individualmente, donde cada uno deberá, a diario, reflexionar sobre sus actos y pensamientos, y, de esa manera, generar esa conducta tan vital en el hombre para llegar a ser independiente.

El procedimiento resulta relativamente sencillo de explicar, si bien su realización es más compleja de lo que aparenta:

En primer lugar, utilizando ironía se formulan, al interlocutor o a sí mismo, una serie de preguntas respecto al significado de una premisa previamente escogida de modo que, poco a poco, este comience a dudar de la misma y termine admitiendo su ignorancia al respecto e incluso reducirla al absurdo. Es muy divertido emplearlo sobre las proposiciones que expone el populismo o cualquiera que se crea el dueño de la verdad. No existe la verdad ni la seguridad por definición. Bien aplicada la mayéutica es un arma muy poderosa capaz de desarmar cualquier relato.

Para arribar a este punto, quien interroga guía el proceso de pensamiento del otro a través de la realización de preguntas relativamente simples, proponiendo y empleando los recursos del segundo para generar una nueva verdad u opinión más propia del individuo respecto a la propuesta en cuestión: un nuevo conocimiento de lo que realmente se conoce. Las preguntas que surgen del sujeto son respondidas mediante otra pregunta del cuestionador, de tal manera que se conduce el pensamiento en una dirección concreta sin por ello modificar su manera de pensar de forma directa.

La guía es solo asistencial y, al final, es el interrogado quien encuentra la solución por sí mismo. Técnicamente no es siquiera necesario que dé una respuesta, también es válido que admita la ignorancia respecto a un aspecto en particular.

La base del método es el uso de preguntas inductivas que llevan a la persona o a uno mismo en la dirección deseada. En cuanto al tipo de preguntas, tienden a ser relativamente simples, basándose en tres partículas principales: ¿Qué?, ¿cómo? y ¿para qué?

Esta técnica practicada sostenidamente, como si fuese Yoga, o algún otro deporte, te dará la capacidad de desarmar cualquier creencia.

b) Reconocimiento

Los medios de comunicación y sus opiniones hegemónicas moldean nuestros puntos de vista y manera de pensar sin que nos demos cuenta. Eso, sin embargo, lo sabemos todos, pero sigue ocurriendo.

Nos levantamos en nuestra caverna y escuchamos las noticias interpretadas por los medios que más nos son afines y creemos que esa es la realidad. Por fortuna, en el siglo XXI, tenemos la posibilidad de múltiples medios de comunicación para comparar puntos de vista y encontrar esa armonía entre los opuestos que mencionaba Heráclito. Aunque también existen casos donde mediante un plan y de manera coordinada actúan diferentes actores sociales, políticos, religiosos, periodistas y diferentes influencias para generarnos una realidad e imponer una interpretación sobre algún hecho real o inventar e instalar la sensación que ellos desean.

Un caso muy claro es la discusión, en Argentina, respecto a los muertos que provocó la última dictadura militar. El único ente que investigó a fondo y con abundantes recursos del Estado fue la CONADEP.[73] que consiguió probar siete mil novecientos cincuenta y cuatro

---

[73] La Comisión Nacional sobre la Desaparición de Personas (CONADEP) fue una comisión creada por el presidente de la Argentina Raúl Alfonsín el 15 de diciembre de 1983 con el objetivo de investigar las reiteradas y planificadas violaciones a los derechos humanos ocurridas durante el período del terrorismo de Estado en Argentina en las décadas de 1970 y 1980.

casos, lo cual es una atrocidad, pero en contraposición y coordinadamente políticos, actores sociales impusieron el número de treinta mil entre muertos y desaparecidos.

Todos en Argentina escuchamos ese último número a lo largo de nuestras vidas y tendemos, sin cuestionamientos, a creer que es verdad porque lo dicen los medios, los actores sociales, la iglesia y gente "respetada". Cada uno se quedará con su perspectiva, pero racionalmente la cifra que resiste más análisis científico y pruebas es la que dio la CONADEP.

Sin embargo, una parte de la sociedad cree que fueron treinta mil y acepta ciegamente ese número. Todavía pocos se atreven a contradecir el número públicamente, más allá del comprensible y respetable dolor de las madres y abuelas de Plaza de Mayo. Lo importante es reconocer que uno está lidiando con todo tipo de informaciones y desinformaciones, coordinadas y descoordinadas que intentan imponernos una realidad.

c) Liberación

Es muy complicado. A nadie le gusta aceptar que creyó en algo durante veinte años o toda su vida y comprobar que fue engañado y actuó en consecuencia durante tanto tiempo. Liberarse de las cadenas es un acto individual y personal donde uno analiza e identifica algunas ideas que le hacen ruido, se da cuenta que fue engañado y cambia. La enorme dificultad para cambiar de ideas se explica en el fenómeno de la espiral del silencio utilizado para describir la tendencia que mostramos las personas a no exponer públicamente nuestras opiniones cuando somos conscientes que estas no son las mayoritarias.

Un caso gráfico se dramatiza en una escena de la serie *Merlí Sapere Aude.* Se puede ver a uno de los protagonistas como alumno ante un experimento de su profesora de Filosofía que muestra con claridad "la debilidad del ser humano cuando es sometido a presión ambiental".

La profesora les dice a los alumnos presentes: "vamos a hacer un experimento, mirad esta carpeta, es verde obviamente, pero en cuanto llegue Pol yo la sacaré y os preguntaré de qué color es. Y vosotros diréis que es roja". Cuando el alumno que llega tarde se sienta, la profesora María muestra la carpeta verde y va preguntando a cada alumno: "¿De qué color es?". Y todos responden: "Roja, roja, roja...". Pol mira extrañado a sus compañeros, y cuando le toca responder a él, acaba asegurando que es: "¡Roja!".

Para terminar el proceso, en primera instancia uno debe admitir que lo engañaron, que estuvo equivocado o que ese error obedeció a una etapa de su vida pasada. Se deberá reconocer el problema para poder transitar ese cambio que seguramente traerá costos sociales altos. Al hacer el cálculo costo-beneficio muchas personas tienden a quedarse en su cómoda cueva, confortable, mediocre y feliz. Otros van por más.

d) Cambio

Desprenderse de creencias arraigadas es realmente intrincado, pues implicará un cambio de vida al que no todos se atreverán. Un religioso bautizado que siempre fue a la iglesia y tiene sus amigos, familia y demás en el mismo ámbito, un cambio a cualquier otra fe o al ateísmo, posiblemente, le acarreé un distanciamiento de su círculo social. Es un costo altísimo que es inevitable.

Como todo cambio estructural y profundo, requiere un planeamiento y una ejecución coordinada: un proceso de contención y de transición será indispensable para que la gente se anime a cambiar. Es parecido a cuando uno decide cambiar de trabajo. Será más fácil buscar otro mientras permanece en el que tiene a que renunciar por cualquier motivo, sufrir el estrés y vacío de no hacer nada y sentirse menospreciado hasta conseguir nueva ocupación.

Para poder cambiar eficientemente es bueno tener un plan de acción, contención y ejecución que acompañe la nueva elección de vida y el cambio específico que uno quiere lograr. Otros más atrevidos cambian de un día para el otro, generan el vacío y lidian con él hasta encontrar una nueva idea o creencia, es otro camino.

e) Nueva realidad

Al mito de la caverna le agregaría, personalmente, un último párrafo donde el individuo logra liberarse de las cadenas sale y cambia de pensamiento hacia una nueva realidad. Como cualquier cambio profundo, accede por sus propios medios mediante una lucha personal contra las ilusiones y los engaños. Esto le traerá una nueva existencia, nuevas relaciones, nuevas pasiones, nuevos puntos de vista, nuevos aires, miedos y emoción.

Las etapas anteriores deberían interpretarse positivamente como una etapa de la vida donde se aprendió y se vivió de la manera que mejor se pudo dadas las circunstancias y recursos. Pero ahora empezará una nueva vida desde otra perspectiva. Un renacer, nuevas oportunidades, nuevas personas, fantasías, sueños que no deben más que traernos alegrías y experiencias que enriquezcan la existencia.

V.5. Escepticismo. El germen de la rebeldía

Históricamente, las cosas más terribles (guerra, genocidio, esclavitud [...]) resultaron no de la desobediencia, sino de la obediencia.

Howard Zinn

El escepticismo es la corriente filosófica que expresa la duda ante la posibilidad de un conocimiento que se cree verdadero o incuestionable. Los escépticos elevan la duda al nivel de un principio. Ante cada verdad son admisibles dos opiniones que se excluyen mutuamente: la afirmación y la negación, y por eso, nuestros conocimientos acerca de las cosas no son veraces. El referente clásico de la corriente es Pirrón de Elis.[74]

Una de las primeras anécdotas que me hizo parar a pensar, y ver que hacía cosas en automático fue cuando escuché que Sócrates iba al mercado de Atenas, miraba los productos y se iba sin comprar nada diciendo: "Me encanta ver tantas cosas que no necesito para ser feliz" ¡Brillante! ¿Cuántos de nosotros caminamos por la calle a diario y nos hacemos esos cuestionamientos?, ¿Para qué compramos más cosas?, ¿Las necesitamos realmente? Estamos en automático, lo hacemos sin pensar.

Hoy por hoy si quieres rebelarte al sistema tienes que practicar el escepticismo como estilo de vida. Te lo tienes que introducir en la sangre, solamente así se puede pasar de la obediencia a la desobediencia y desarrollar un fuerte pensamiento crítico, propio e individual sobre todos y cada uno de los asuntos que rodean tu vida.

---

[74] 360-270 a.C. Pirrón de Elis fue un filósofo griego de la Antigüedad clásica, a quien se considera el primer filósofo escéptico, e igualmente la inspiración de la escuela conocida como pirronismo.

Por este motivo, creo que hay que dar vuelta el *statu quo*. En mi experiencia en diversos países he visto que las personas sin pensarlo se someten y creen en exceso las normas sociales con las que nacen y se crían, es como una cultura adquirida de aceptar todo sin chistar.

Esto me recuerda a como en antiguos trabajos cuando veía gente que hacía siempre el mismo proceso erróneo, lento o ineficiente y yo le preguntaba por qué lo hacía de esa manera la gran mayoría de veces me contestaban que "ya lo venían haciendo así". Es como si nunca se hubiesen detenido a cuestionar el tema y simplemente lo hacía en automático.

No se puede creer automáticamente, más bien al revés, no se debe creer a nada ni nadie hasta que demuestre lo contrario; hay que atreverse a cuestionar y criticar a todo y a todos. La credibilidad y el respeto no tienen que ser dadas, deben ser adquiridas como un proceso que lleva tiempo. Para que algo o alguien sea creíble, como condición inicial debe predicar con el ejemplo. La persona que predique "A" y haga "B" no se debe respetar nunca empezando por los políticos. Las acciones valen más que mil palabras, siempre es por ahí.

5.1 Escepticismo político

Podemos decir que la política está dividida en personas que se identifican con la derecha y otras con la izquierda, luego por el medio hay enormidad de matices. Desde una mirada escéptica y aplicando la técnica de la dialéctica, la cual consiste en dialogar y discutir para descubrir la verdad mediante la exposición y confrontación de razonamientos y argumentaciones contrarios entre sí, podremos ir debatiendo y encontrando lo mejor de cada postura.

La izquierda sostiene la idea de un Estado de bienestar que cubre todos los derechos sociales y distribuye equitativamente recursos e iguala oportunidades a la población. Como contracara ofrece muchos vicios como la concentración del poder estatal, lo que trae aparejada corrupción y desmotivación de la población por crear valor, ya que el Estado recauda una enorme porción de las ganancias para financiar el sistema.

La derecha, por su parte, defiende el libre mercado a rajatabla. La idea de crear prosperidad y la competencia como motivador principal para comerciar con el mundo entero ha generado mucha riqueza desde que Adam Smith la conceptualizó. Sin embargo, la desigualdad social, el despilfarro de recursos naturales y bienes públicos y las crisis financieras cíclicas demuestran la imperfección del sistema.

El escepticismo, por lo tanto, permite salir de los extremos para encontrar lo positivo de cada idea e ir construyendo con lo mejor de todas un mejor sistema.

5.2 Escepticismo filosófico

En la filosofía moderna, los argumentos tradicionales del escepticismo se asimilaron de manera original al positivismo, que descree a cualquier juicio, generalización e hipótesis inaccesibles a la verificación experimental directa. En otras palabras, anula el relato populista.

5.3 Escepticismo moral

El objetivo del escepticismo moral es hacer entender que ninguna persona tiene conocimientos morales, pues se alega que esta no existe y se opone totalmente a la realidad objetiva, poniendo en duda todo lo establecido por la sociedad.

El escepticismo moral se opone al realismo moral: la opinión de que hay verdades morales objetivas y que se pueden conocer. Es decir, todo lo que es moral ha sido escrito por alguien y cada cultura en cada región del mundo tiene su propia moral, inclusive cada familia tiene sus propias reglas en las que basan su comportamiento. El escepticismo moral te enseña a cuestionar las reglas morales que crees que son "normales" o "universales" cuando en realidad no lo son, y te lleva a un camino en el que puedes decidir por ti mismo las reglas morales que practicarás a lo largo de tu vida.

5.4 Escepticismo científico

El escepticismo también es una forma de actuar en el ámbito científico. Pareciera que es condición necesaria para ser científico, pues su sentido de carrera es demostrar mediante método cualquier hipótesis. Sin embargo, también existen muchos científicos religiosos que creen en algo antes de poder verificarlo.

5.5 Escepticismo religioso

Este tipo de escepticismo se aplica a las más profundas creencias que tenemos arraigadas, por no decir que fuimos adoctrinados desde que somos niños. Consiste en cuestionar todas las historias, creencias y sacrilegios basados en la fe religiosa, cualquiera sea la que hemos mamado. Se podría decir que los escépticos religiosos practican el "agnosticismo". Esta es una de las más difíciles prácticas de cuestionamientos, pues es un camino de ida, muy liberador que tiene costos que no todos están dispuestos a asumir.

5.6 Escepticismo tecnológico

La capacidad de vivir con verdades relativas, con preguntas para las que no hay respuesta, con la sabiduría de no saber nada y con las paradójicas incertidumbres de la existencia, todo esto puede ser la esencia de la madurez humana y de la consiguiente tolerancia frente a los demás.

PAUL WATZLAWICK

Me voy a atrever a inventar una nueva variante de escepticismo dado que vivimos en un siglo donde la tecnología atravesó y cambió brutalmente nuestras vidas. Los escépticos necesitamos un nuevo concepto más moderno para dar la batalla cultural de volver a imponer este hermoso y liberador pensamiento en la sociedad. Lamentablemente, percibo que esta escuela tiene mala prensa, siendo que todavía la mente de las personas sigue dominada por las ideas dogmáticas. Esto deja a la luz que hay sometimiento y falta rebeldía y filosofía en el ADN de las personas.

El escepticismo tecnológico consiste en practicar el concepto de escepticismo clásico, pero no solamente desde el pensamiento, sino con el trascendental apoyo de la tecnología del siglo XXI. Es decir, Sócrates practicaba el escepticismo, cuestionaba a los dioses griegos desde la mera palabra como única herramienta y los oyentes solamente interpretaban y reflexionaban en su mente mientras miraban el cielo.

Las cosas cambiaron, en gran medida gracias al capitalismo que se practicó en la mayoría del mundo durante los últimos cien años. Se ha logrado una globalización, multiplicación y digitalización de la información de todo tipo y en tiempo real, lo que hace que casi todos los ciudadanos tengan un celular y una computadora con acceso a internet.

Por lo tanto, esto equivale a millones de bibliotecas en el bolsillo facilitada a través de Google, donde cualquier concepto, persona, historial que uno quiera buscar aparece al instante, con infinitas fuentes de información, datos históricos, videos, fotos, gráficos y diferentes opiniones sobre los asuntos. Ya no hay excusas sobre la falta de información como en otras épocas.

Desde hace algunos años, empecé a inculcar el escepticismo *tech*, sin que ellos lo supieran, a mi familia y amigos. Cada vez que me preguntaban algo les preguntaba si lo habían gugleado. La primera vez se enojaban, yo parecía un ingrato que no les quería responder sus preguntas, la segunda un poco menos y luego agarraron el hábito de guglear todo lo que les daba curiosidad o no sabían.

Puedo decir que el cambio es abismal con respecto a sus conocimientos, su forma de actuar con mayor seguridad y en la profundidad de las conversaciones que tenemos. Parecen otras personas, más informadas, con mayores conocimientos, exitosas. Alguno que otro dirá: "¿No es obvio que hay que guglear?", "no me dices nada nuevo". Bueno, también si uno quiere bajar de peso es obvio que tiene que comer menos y/o mejor y muy pocos lo hacen o lo consiguen. Acá se trata de entender de qué se trata la idea, practicarla y adquirir el hábito.

El escepticismo o la filosofía misma deberían dictarse masivamente en clases como si fuese una meditación o yoga, en cursos y en todos los barrios y para todas las edades. Es un conjunto de técnicas que requiere práctica y habitualidad, que te garantiza de por vida la profesión de la libertad. Cuando sea padre, sin duda, mandaré a mis hijos a esas clases, para que les enseñen a pensar por ellos mismos y no a obedecer ciegamente, inclusive asumiendo el riesgo de despertar leones.

Yo me considero un escéptico tecnológico: cada palabra, frase, concepto, idea que no me cierra, personas, historia la gugleo, me paso horas y días buscando y contrastando con distinta información e ideas, observando videos de gente diferente para llegar a tener mi propia conclusión en los distintos asuntos.

Esto no se podía hacer antes del año 2000 desde la explosión de los *smartphones* y la banda ancha. Antes tocaba reflexionar y creerles a determinadas personas como padres, amigos, periodistas o parientes que uno creía que *sabían* de determinado tema. Hoy todos podemos sacar nuestras propias conclusiones: no nos pueden engañar más.

V. 6. Conclusión

> *El individuo ha luchado siempre para no ser absorbido por la tribu. Si lo intentas, a menudo estarás solo, y a veces asustado. Pero ningún precio es demasiado alto por el privilegio de ser uno mismo.*
>
> Friedrich Nietzsche

Ser escéptico no es para cualquiera: es para rebeldes y valientes. Es un camino de ida y es la armadura mental que te blinda de engaños y mentiras y de creer automáticamente en el relato populista. Es animarse a cuestionar todo y a todos, salir de las falsas seguridades que te hacen sentir cómodo.

Ser escéptico comprende saber que nunca se encontrará una verdad absoluta, que todo cambia, que la medicina que tomes hoy no te va a servir mañana. Es desistir de buscar una falsa pertenencia para sentirse parte de un grupo que sigue las verdades que les imponen. Ser escéptico es no ser parte de un rebaño, es ir a dormir solo con tus propios pensamientos, es pagar el precio de la verdadera libertad.

Para eso sirve la filosofía. Para ser libre, libre del método populista que te quiere imponer sus verdades, sus ideologías y hacerte su oveja.

Nada tan humillante como despertarte un día y darte cuenta de que todo lo que hiciste fue porque alguien te manipuló. La filosofía te permitirá diseñar tu propia vida al ritmo de tu deseo y felicidad, de hacer el camino que te satisfaga a lo largo de los cambios de tu vida.

Esa libertad, al mismo tiempo, te causará angustia de transitar hacia un camino desconocido. Angustia que, a la vez, leída positivamente, te brinda la motivación perfecta para aceptar que la vida tiene sorpresas y no hay nada más estimulante que sorprenderse. Imagínate qué aburrido sería saber todo lo que te va a suceder. La vida es un enigma, dejémonos sorprender.

FIN

ACERCA DEL AUTOR

Federico Dubischar (Buenos Aires, Argentina, 1989). Es afiliado al partido político PRO (Propuesta para el Cambio) de Argentina y es licenciado en Administración de la Universidad de Belgrano. Tiene un Posgrado en Finanzas (Pós-Graduação em Mercado Financeiro) de la Saint Paul Business School de São Paulo. Ha vivido más de 10 años en el exterior distribuidos entre Brasil, Colombia y Estados Unidos donde ha colaborado con políticos y proyectos de diversos países. Hoy día participa activamente en diferentes grupos y foros políticos internacionales en defensa de la libertad, la modernización de la democracia y los valores republicanos.

AGRADECIMIENTOS

A mi papá por enseñarme a cuestionar todo. A mi mamá por enseñarme a perseverar y trabajar duro. A mis hermanos por su indispensable apoyo moral. A mis grandes amigos y amigas que me han escuchado pacientemente cada argumento y me han hecho reflexionar, borrar, corregir y mejorar, ojalá siempre así sea.